Você vai me servir

Você vai me servir

Emprego doméstico no Brasil
e nos Estados Unidos

David Evan Harris

alameda

Grafia atualizada segundo o Acordo Ortográfico da Língua Portuguesa de 1990, que entrou em vigor no Brasil em 2009.

Edição: Haroldo Ceravolo Sereza e Joana Monteleone
Editora assistente: Danielly de Jesus Teles
Projeto gráfico, diagramação e capa: Danielly de Jesus Teles
Assistente acadêmica: Tamara Santos
Revisão: Alexandra Colontini
Imagem de capa: Fotografia de Patrícia Stavis

CIP-BRASIL. CATALOGAÇÃO NA PUBLICAÇÃO
SINDICATO NACIONAL DOS EDITORES DE LIVROS, RJ

H26v

Harris, David Evan
Você vai me servir : emprego doméstico no Brasil e nos Estados Unidos / David Evan Harris. - 1. ed. - São Paulo : Alameda, 2022.

236 p. ; 21 cm.

Inclui bibliografia
ISBN 978-65-5966-051-3

1. Empregados domésticos - Brasil. 2. Empregados domésticos - Estados Unidos. 3. Mercado de trabalho. I. Título.

19-57080 CDD: 331.124164046
CDU: 331.5:647.2

ALAMEDA CASA EDITORIAL
Rua 13 de Maio, 353 – Bela Vista
CEP 01327-000 – São Paulo, SP
Tel. (11) 3012-2403
www.alamedaeditorial.com.br

SUMÁRIO

APRESENTAÇÃO

Há cerca de quinze anos recebi um e-mail de um jovem norte-americano recém-formado da Universidade da Califórnia, em Berkeley. Ele tinha recebido uma bolsa da Fundação Rotary para estudar fora dos Estados Unidos e disse que se interessou muito pelos movimentos sociais brasileiros e também pela desigualdade social e econômica, e pediu meu apoio como orientador no programa de mestrado em Sociologia na Universidade de São Paulo. Eu aceitei essa proposta inesperada e pude acompanhar um pouco de sua trajetória profissional.

Logo nos primeiros meses de sua estadia no país, David Evan participou de eventos sociais como o Fórum Social Mundial (2004) e confessou ter ficado bastante surpreso com a configuração das relações de classe no Brasil e, sobretudo, com as relações que ele tinha visto em casas de amigos brasileiros de classe média com suas empregadas domésticas. Ele não foi o primeiro norte-americano a ficar incomodado por isso – quase todos com os quais ele tinha falado ficaram surpresos, tanto pelo fácil acesso de serviço doméstico a um custo extremamente baixo por padrões norte-americanos, quanto pelo relacionamento cotidiano entre empregadores e empregadas. Esse relacionamento realmente incomodava muitos norte-americanos e David queria entender melhor esse desconforto que ele mesmo sentia, e usar isso – o que ele identifica em seu texto como talvez o espaço mais íntimo em que pessoas de classes distintas interagem – como uma ferramenta para entender a reprodução da desigualdade mundial.

Apesar de ele já ter escrito uma proposta de trabalho para sua dissertação sobre o Fórum Social Mundial, fiz questão de encorajá-lo a prosseguir essa outra linha de pensamento e foi dessa forma que chegou a produzir este livro.

O livro começa por uma contextualização teórica ampla, situando a pesquisa na tradição da sociologia reflexiva e etnográfica, informado por análises quantitativas sobre a desigualdade mundial, mais especificamente do Brasil e dos Estados Unidos. Esses dois países formam as bases de um estudo comparativo, com focos mais específicos na Califórnia e em São Paulo. Ele explica a tríplice interseção de desigualdade e opressão – de classe, sexo e raça –, que percorre as interações e relações no emprego doméstico.

No segundo capítulo, David traça a trajetória histórica do emprego doméstico no Brasil e nos Estados Unidos, analisando as diferenças entre as diferentes formas de emprego doméstico, desde babá até faxineira. Ele analisa previsões históricas que imaginavam o desaparecimento do emprego doméstico nos Estados Unidos devido ao uso de máquinas domésticas cada vez mais sofisticadas. De fato, aconteceu o contrário, com o crescimento da desigualdade norte-americana na segunda metade do século XX, havia um crescimento paralelo em números de pessoas no emprego doméstico. No Brasil também, durante o mesmo período, havia um crescimento nessa categoria de trabalho.

No terceiro capítulo, ele dá entrada por uma análise arquitetônica dos quartos de empregada, comuns nas casas e apartamentos brasileiros de classe média atual, mas quase só presentes em prédios construídos antes de 1960 nos Estados Unidos. Esse fato concreto ilustra uma dinâmica mais sutil, que é a evolução constante de práticas culturais relacionadas ao emprego doméstico. Já tendo analisado as diferenças de distribuição dos tipos de emprego doméstico, nesse capítulo, ele compara as práticas culturais dentro de cada categoria em cada país, começando por mensalistas e prosseguindo para diaristas, faxineiras e *professional cleaning services*.

Apesar de ele não aceitar que é justo ter tantas milhões de mulheres ocupadas como empregadas domésticas no Brasil, ele encara o relacionamento empregada-empregador próximo, emocional e, de certa forma, pré-capitalista, como um jeito em que o brasileiro tem capacidade de ser mais honesto e aberto com as relações de poder desiguais. Ao mesmo tempo, o norte-americano tende a preferir relações mais distantes e até nem ver nem conversar com as pessoas que estão limpando suas casas. O imaginário do sonho americano e da meritocracia da economia capitalista são forças tão poderosas na cultura americana que realmente dói para muitos americanos pensar fundo sobre o fato de que estão participando de um sistema econômico que não oferece nada melhor para uma pessoa de que o emprego doméstico.

No quarto capítulo, o autor analisa as raízes históricas do emprego doméstico, analisando as relações raciais e de padrões de imigração, nos Estados Unidos e o Brasil. Ele observa uma fase interessante na história norteamericana lançado em 1937, em que a *Household Service Demonstration Project*, uma parte do *Works Progress Administration* de Roosevelt, forma milhares de mulheres para virar empregadas domésticas como uma ferramenta de geração de oportunidades econômicas. Ele também traça as relações raciais de emprego doméstico à escravidão brasileira e norte-americana, também discutindo a evolução para a "agregada de família" e a atual empregada doméstica. Ele ressalta o fato de que, atualmente nos dois países, empregadas domésticas não beneficiam dos mesmos direitos trabalhistas de que pessoas empregadas em outros setores da economia. Nos Estados Unidos, por além disso, uma grande parte, talvez a maioria, das empregadas domésticas são migrantes sem documentos legais e vivem num ambiente jurídico que oferece quase nenhuma proteção legal a elas.

No último capítulo, ele vincula os tipos predominantes do emprego doméstico historicamente e atual nos dois países aos níveis de desigualdade bruta que produz uma oferta e uma demanda para essas categorias distintas de serviço. Essa volta para uma análise econômica, que sublinha as práticas culturais nos dois países. Ele mostra aqui claramente que é desigualdade que permite o emprego doméstico a existir como a melhor opção de trabalho de tantas milhões de pessoas mundialmente.

O espanto do autor com a desigualdade foi um assunto que meu colega, Ricardo Musse – um participante da banca da defesa do David – comentou que foi um dos melhores atributos dessa obra. No sexto e último capítulo do livro, David liga a pesquisa com as macrotendências do neoliberalismo e o fatalismo econômico hegemônico que dificultam a quebra do ciclo de reprodução da desigualdade econômica, racial e de sexo. Nesse belo trabalho, o autor nos leva para um exame de perto e de longe do jeito em que todos nós participamos da reprodução da desigualdade nas nossas vidas cotidianas, tanto pelo emprego doméstico quanto por todas nossas compras e interações econômicas atrás de que estão escondidas injustiças imensas.

Depois de terminar seu mestrado no Brasil, David criou uma organização não-governamental que se chama o *Global Lives Project*. Composto por uma rede de documentaristas espalhados pelo mundo, eles já produziram vinte documentários de 24 horas na vida cotidiana de pessoas em dezessete países. Esses documentários são apresentados como exibições imersivas em que pessoas entram galerias de arte ou museus e veem de perto as vidas de outros de que nunca poderiam ter vistos. O David também trabalha agora faz quase uma década no *Institute for the Future*, uma outra ONG no Vale de Silício que pesquisa o futuro de longo-prazo. Ele estuda lá o futuro de desigualdade, democracia e filantropia.

Eu fiquei um pouco triste ao longo dos anos de reencontros com David que ele nunca chegou a continuar seus estudos de pós-graduação e fazer doutorado. Mas fiquei feliz de descobrir há dois anos atrás que, depois deste tempo trabalhando no terceiro setor como "empreendedor social" tentando colocar em prática as ideias e os valores contidos nesse livro, ele foi chamado de volta para a Berkeley para dar aula na escola de administração *Haas*, no *Center for Social Sector Leadership*.

A escolaridade vista nesse primeiro grande trabalho intelectual dele pode ser visto como a raiz de uma trajetória profissional e acadêmica que eu imagino vai continuar a surpreender tanto outros quanto ele mesmo. Depois da sua defesa, eu dei a ele um conselho que eu acho importante compartilhar com você, o leitor, que todos os melhores intelectuais que eu conheço são incomodados pelas suas vidas. Eu não acho isso algo ruim, mas sim algo importante. Espero que esse livro te incomode de uma forma que possibilite a construção de uma sociedade diferente, e melhor.

Sedi Hirano, São Paulo

PREFÁCIO: O DESVIO MERIDIONAL

Eu peço a Deus para que cada chefe de família nos Estados Unidos tenha um escravo a fim de que o trabalho penoso e o serviço simplório sejam afastados de sua família.

Andrew Johnson
Presidente dos Estados Unidos, 1865-1869
(STAMPP, 1967, p. 56)

Mas aqui todo o mundo tem empregada!

– *Paulistana anônima, 2005*

Procurando um lugar para morar no bairro de Pinheiros, em São Paulo, logo após a minha chegada ao Brasil, em 2004, fiquei consternado ao encontrar despensas tão grandes em diversos apartamentos relativamente pequenos. Pensei que talvez servissem para guardar minha bicicleta ou as malas de viagem. Não demorou muito para que eu descobrisse que esses quartinhos haviam sido construídos – a maioria deles sem janelas e com um tamanho padrão de dois metros por dois metros –[1] com a finalidade de alojar as em-

1 A música "Empregada", do cantor brasileiro Wander Wildner, trata desse assunto: "Dois por dois mede o quarto da empregada / Pra mim ele vale muito,

pregadas domésticas. Em meio à reflexão trazida por esse assunto, me dei conta de outro fenômeno interessante que ocorria comigo: houve uma ascensão em meu estilo de vida, a qual, como vim a saber mais tarde, todo estrangeiro de um país rico experimenta ao vir morar no Brasil. Se sua renda permanecer no mesmo nível, ou próximo disso (a minha, por exemplo, caiu pela metade), ele experimentará não somente um aumento em seu poder aquisitivo, mas também uma espécie de "salto" real de classe, o que pode até vir a ser desorientador em um primeiro momento. Novas possibilidades de consumo adentram seu universo; jantares em restaurantes podem passar de uma atividade esporádica a regular; atividades que antes eu considerava "luxuosas", como tomar táxis frequentemente ou receber uma massagem "ayurvédica", podem se tornar atividades rotineiras. Mas o que mais chamou a atenção, ao final, foi perceber que dezenas de milhares de pessoas[2] na própria cidade de São Paulo desejariam poder ocupar aquele quartinho do meu apartamento e me servir por até seis dias por semana. Se assim eu

---

talvez pra outro não vale nada / O quarto da empregada não tem janela, ele não tem nada / O quarto da empregada não tem tevê, ele não tem nada..." (1996, do álbum Baladas Sangrentas). Eu descobriria, mais tarde, que esses quartos, em certos estados brasileiros, são construídos ilegalmente, sendo denominados "depósitos" nas plantas dos edifícios para burlar a regulamentação, já que por lei um dormitório precisa ter, no mínimo, dez metros quadrados de área e uma janela (KOFES, 2001, p. 181). Nas plantas e apartamentos que eu vi pessoalmente em São Paulo, entre 2005 e 2007, os quartos de empregada têm um tamanho máximo de dois por dois e meio metros, resultando em uma área de cinco metros quadrados.

2 Baseei essa estimativa conservadora em relatório do Instituto Brasileiro de Geografia e Estatística – IBGE (2006), a partir do qual calculei que há aproximadamente 600 mil empregadas domésticas em São Paulo, e uma taxa atual de 14,1% da população economicamente ativa (PEA) desempregada.

quisesse, nunca mais teria de limpar, lavar, esfregar, cozinhar, e, quem sabe, nem atender o meu próprio telefone. Mas, por algum motivo, quem sabe por uma falta ilógica de interesse próprio, ou uma ingênua sensação de "solidariedade de classe",[3] não cheguei a considerar seriamente essa opção, a de ter o que o antigo presidente do meu país, Andrew Johnson, desejava para os meus antepassados um século e meio atrás.

Quando, nesse mesmo período, comentei com alguns amigos brasileiros de classe média que eu não iria contratar uma empregada doméstica, logo pude notar que todos eles me consideraram tolo. "Mas aqui todo o mundo tem empregada!" - eu me lembro, como se fosse ontem, de uma colega me dizendo isso. As minhas objeções foram, em princípio, rudimentares e, talvez, por não querer ofendê-los, mudava rapidamente de assunto. Porém, refletindo com mais calma sobre tal declaração, concluí que ela deveria ser falsa; se todo mundo tem empregada, quem seria a empregada da empregada? Descobri que até existem casos de "empregadas de empregadas" em situações extremas, contudo, o simples fato é que ambas as declarações - a da minha nova amiga paulistana e a do ex-presidente do meu país - possuem uma ignorância profunda em comum: eles não reconhecem seus servidores, sejam escravos ou empregadas domésticas remuneradas, como membros do mesmo universo de seres humanos ao qual eles pertencem.[4] Imagino

3 Veja página 80.

4 Vidal (2007, p. 168) constata essa percepção também no caso do Rio de Janeiro, mas no contexto da classe média que se autoidentifica como tal - "Temos uma empregada como todas as famílias de classe média.", diz uma de suas entrevistadas. Outro entrevistado carioca contextualiza a situação para o pesquisador francês: "No Brasil, diferente da Europa, ou dos Estados Unidos, não há creche em período integral, as crianças só vão para a escola de manhã ou à tarde. Não se pode sair sem uma babá." O segundo comentário também

que, caso tivesse apresentado essa constatação para a minha amiga paulistana, ela não mais faria comentários a esse respeito; mas, no interesse de continuar a minha recente amizade com ela, eu preferi desistir de falar mais sobre o assunto. Mais tarde, ouvi de uma amiga americana outra observação sobre o tema: "Em São Paulo, ou você tem empregada, ou você é empregada.". Afirmação que também não deixa de pertencer ao senso comum, mas que se aproxima um pouco mais da realidade.

Foi a partir dessas experiências recorrentes de meu novo *status* socioeconômico que o presente estudo surgiu. Eu vim para o Brasil em dezembro de 2004, financiado por uma generosa bolsa da Fundação Rotary, com o objetivo de estudar os novos e enérgicos movimentos sociais sobre os quais tanto havia ouvido nas minhas aulas de Ciências Sociais na graduação em Berkeley – sobretudo o Fórum Social Mundial, mas também o Movimento dos Trabalhadores Sem-Terra, o recém-eleito presidente operário Lula, o Partido dos Trabalhadores, e a ideia pioneira de orçamento participativo. Porém, ao longo das minhas investigações iniciais sobre esses movimentos, o meu foco se deslocou. Com a minha participação no Fórum Social Mundial em janeiro de 2005, dois meses depois da minha chegada ao Brasil, e um mês antes de começar o programa de mestrado em Sociologia na Universidade de São Paulo, eu percebi que talvez esse não fosse o campo mais interessante ou apropriado para os meus estudos. Minha primeira percepção foi que, certamente, não existia escassez de acadêmicos críticos no evento. Muito pelo contrário, parecia-me que havia cientistas sociais de todos os continentes do mundo já inseridos no movi-

permite ao analista crítico se questionar exatamente sobre o que esta babá faria com seus próprios filhos, se for aceito que essa ocupação é, em muitas situações, mais que temporária.

mento como analistas, repórteres, observadores participantes etc., e muitos deles bem mais experientes e estabelecidos do que eu, ainda que tivesse dois anos de prazo para pesquisar e escrever o mestrado. Além disso, ao passo que eu imaginava ser recebido de "braços abertos" – um estadunidense de esquerda, militante ativo contra o Bush e a globalização capitalista, e até vegetariano há quase uma década –, a recepção foi muito mais fria do que eu esperava. Enquanto buscava conhecer militantes dos movimentos sociais do Brasil ou do resto da América Latina, muitos deles tinham pouca paciência para ouvir meu português ou espanhol imperfeitos, e podia-se notar facilmente que, desde o momento no qual a minha nacionalidade era exposta, um processo peculiar tinha início: quando eu tentava falar, sentia que me tornava o centro de um furacão de preconceitos no qual todos os males do imperialismo estadunidense me circulavam com uma velocidade crescente e, apesar do conteúdo da minha fala, de repente – mais uma vez! – todos os piores episódios dos últimos 50 anos de história do meu país, no mundo, eram a mim incorporados.

Ouvi histórias muito semelhantes às minhas de outros estadunidenses, que também haviam tentado participar desse meio: um deles morava há dois anos no Brasil e trabalhava em uma organização não governamental de sua própria criação; ele foi acusado publicamente de ser um agente da CIA; uma estadunidense loira, também militante, que mal falava português, encontrou-se logo ao chegar ao Fórum Social Mundial daquele ano no centro de uma roda de jovens militantes latinos que a xingavam por causa da invasão do Iraque. Mesmo vestindo camisetas com dizeres anti-Bush, ou com declarações abertas e rápidas sobre o meu posicionamento político, ainda me sentia incapaz de superar o estigma que a minha nacionalidade carregava naquele meio. Embora houvesse algumas grandes exceções a essa regra, principalmente por parte dos militantes mais velhos, mais profissionalizados, ou até dos próprios acadêmicos, eu vi que seria necessária uma grande batalha para que eu conseguisse, em primeiro lugar, me inserir nesse meio de modo a ser bem recebido; segundo, conseguir fazê-lo falando abertamente que eu era mais uma dessas "sanguessugas acadêmicas" do hemisfério Norte; e, finalmente, conseguir mostrar na minha pesquisa algo que não tivesse sido jamais dito nas dezenas de livros e centenas de artigos analíticos e críticos sobre os tais movimentos com os quais me deparei no Fórum Social Mundial, em Porto Alegre, ao voltar a meu novo lar, São Paulo.

Foi assim que meu sonho gramsciano de tomar uma posição análoga à do intelectual italiano Piero Gobetti (1901-1926) foi desviado ao longo dos meus primeiros meses no Brasil. Escrevendo sobre Gobetti na *Questão Meridional*, Gramsci o elogia,

> [Gobetti] compreendeu a posição social e histórica do proletariado e não mais conseguia pensar abstraindo-se deste elemento. No trabalho comum no jornal, Gobetti foi posto por nós em contato com um mundo vivo, que antes havia conhecido apenas através de fórmulas livrescas. (GRAMSCI, 2004, p. 432)

Sob essa ótica, eu me havia concebido como um intelectual/militante do "Norte do mundo", cujo interesse específico era o de criar pontes entre os movimentos sociais e a academia nos Estados Unidos e no Brasil e, mais amplamente, entre o Sul Global, com o objetivo de lutar diretamente contra a hegemonia da crescente ideologia neoliberal[5] do capitalismo irrestrito globalizado, usando

---

5 Apesar do termo "neoliberalismo" apresentar problemas potenciais quando aplicado a diversos contextos histórico-geográficos, acredito que seu uso

a minha posição de poder relativo como alavanca para os movimentos. Depois de me deparar com a realidade das relações interpessoais do meio militante e com o campo acadêmico abarrotado, perguntava-me como eu poderia dar outra espécie de contribuição a esses movimentos sociais[6] e, ao mesmo tempo, usar aquela mi-

---

seja uma ferramenta teórica imprescindível para o presente estudo. A definição mais adequada a ser aplicada nos vários contextos nacionais a que se refere esta dissertação vem justamente de um artigo que almeja integrar os usos diversos do termo nos vários contextos globais: "A chave da ideologia neoliberal é a crença de que mercados abertos, competitivos, e não-regulados, liberados de todas as formas de interferência do Estado, representam o mecanismo ótimo para o desenvolvimento econômico. Apesar das raízes intelectuais dessa 'utopia de exploração sem limites' (BOURDIEU, 1998) poderem ser encontradas nos escritos do pós-guerra de Friedrich Hayek e Milton Friedman, o neoliberalismo ganhou proeminência difusa apenas durante o final dos anos de 1970 e início dos anos de 1980 como uma resposta política estratégica à recessão global sustentada da década precedente. Face à rentabilidade das indústrias tradicionais de produção em massa em declínio e à crise das políticas de bem-estar keynesianas, os Estados Nacionais e locais em todo o antigo mundo industrializado começaram, talvez de modo vagaroso no início, a desmantelar os componentes institucionais básicos do *establishment* do pós-guerra e a mobilizar uma série de políticas que visavam ampliar a disciplina do mercado, a competição e a mercantilização em todos os setores da sociedade. Nesse contexto, doutrinas neoliberais foram usadas para justificar, entre outros projetos, a desregulamentação do controle estatal sobre as principais indústrias, os assaltos ao sindicalismo, a redução de impostos corporativos, a diminuição ou privatização de serviços públicos, o desmantelamento de programas de bem-estar social, o aumento da mobilidade do capital internacional, a intensificação de competição entre localidades e a criminalização da pobreza urbana." (BRENNER; THEODORE, 2002, p. 350).

6 Afinal, as minhas ofertas de mão de obra estrangeira voluntária foram aceitas pelo *think tank* tailandês, *Focus on the Global South*, que pediu um *paper* analítico para apresentações de organizações da sociedade civil na Ásia e na África sobre a proposta venezuelana da *Alternativa Bolivariana para las*

nha oportunidade para aprofundar meu entendimento sobre outro campo social já durante meus estudos formais do mestrado. No contexto dessa frustração, o próprio Gramsci, "intelectual orgânico"[7] *par excellence*, e suas concepções do papel de "intelectual tradicional" nos movimentos sociais se mostraram interessantes:

> Gobetti escapou praticamente de seu destino. Revelou-se um organizador cultural de extraordinário valor e teve, neste último período, uma função que não deve ser nem esquecida nem subestimada pelos operários... Gobetti nos servia praticamente de ligação: 1) com os intelectuais nascidos no terreno da técnica capitalista que haviam assumido uma posição de esquerda... ; 2) com uma série de intelectuais meridionais que, por causa de vínculos mais complexos,

---

Americas, e com ajuda de um colega da USP consegui fazer parte do "bloco histórico" gramsciano de um modo mais efetivo (HARRIS;AZZI, 2006).

7 Forgacs define os intelectuais orgânicos e tradicionais de Gramsci: "Intelectuais são educadores, organizadores, líderes... Intelectuais 'orgânicos' são aqueles que emergem do próprio grupo: por exemplo, um trabalhador que se torna um militante político. Intelectuais 'tradicionais' são aqueles que restaram das formações sociais antecedentes e que podem se anexar a uma classe fundamental ou a outra (...)" (GRAMSCI; FORGACS, 2000, p. 425). Apesar dessas linhas não estarem tão claras para mim – sou filho de uma professora de ensino básico (sindicalista) e de um motorista de limusine, os dois com formação universitária –, de posse da minha formação universitária em uma universidade estadunidense de alto padrão, aos 22 anos, eu já havia assegurado uma saída quase certeira do trabalho braçal durante o resto da minha vida. No entanto, continuo longe de fazer parte da classe capitalista. Por esse motivo e pelo simples fato de ter nascido nos Estados Unidos, considero-me mais alinhado ao intelectual "tradicional" de Gramsci do que àquele "orgânico", embora uma rígida aplicação de tais categorias no meu caso talvez não seja possível e tampouco particularmente útil.

> punham a questão meridional num campo diferente daquele tradicional por introduzir à questão o proletariado do Norte... (GRAMSCI, 1978, p. 20).

O valor de Gobetti para Gramsci, de quem era aliado, não viera por meio de uma oferta de ajuda direta para a classe operária em suas lutas políticas contra o capitalismo e o fascismo, mas de sua habilidade por meio do jornalismo e da militância em expandir as simpatias entre a classe dominante e os intelectuais tradicionais no que diz respeito à causa das classes dominadas, levando esses intelectuais a reformularem seus próprios entendimentos e discursos sobre as relações socioeconômicas de seu país. Referindo-se ao Sul da Itália – a região menos desenvolvida e dominada pelo capital agrário – Gramsci destaca a dificuldade em ligar a luta dos operários urbanos do Norte da Itália àquela do campesinato do Sul, apesar de ambas as classes dominadas serem então dominadas por classes que impunham sua hegemonia por meio de discursos, ideologias, e, ultimamente, *hegemonias* separadas. O alvo específico da luta de Gramsci era o Estado italiano fascista, que apoiou uma política *laissez-faire* durante os anos 20 e 30. Em sua própria explicação do sistema *laissez-faire*, podem-se notar paralelos em relação à presente situação no Brasil e nos Estados Unidos, além da importantíssima ligação que Gramsci faz entre poder estatal e hegemonia ideológica:

> É uma política intencional, consciente dos seus próprios fins, e não a expressão espontânea e automática de fatos econômicos. Conseqüentemente, liberalismo *laissez-faire* é um programa político, desenhado para mudar – até o ponto que seja vitorioso – a liderança do Estado (...). O que está em jogo [no liberalismo *laissez-faire*] é uma rotação nos cargos governamentais da classe dominante, não a funda-

> ção ou organização de uma nova sociedade política; ainda menos uma nova forma de sociedade civil. (GRAMSCI, 1971 apud HART, 2002, p. 26)

Nesse texto, a relevância de Gramsci nos dias de hoje fica clara. Apesar de ter sido escrito há pouco menos de um século, por trás das grades de uma cadeia italiana, as mesmas forças hegemônicas de ideologias semelhantes ao *laissez-faire* italiano de tal época continuam fortes em debates globais e nacionais sobre o futuro do papel do governo e do mercado na sociedade bem como sobre as responsabilidades das classes privilegiadas em relação às outras. A vontade de Gramsci de formar um *bloco histórico* ligando as lutas do campesinato do Sul aos operários do Norte se mostra ainda relevante em nível nacional em vários países (FREIRE, 1993; HALL, 1988), mas também em nível global, com a ideia de ligar as lutas das classes ou grupos subalternos do Sul Global uns aos outros, e também com as lutas de tais constituintes no Norte. E, cada vez mais com um olhar não rigidamente marxista ou comunista, mas explicitamente em favor de uma democracia social atingida por meios nãoviolentos (BUDD, 2007; KATZ, 2006). Além disso, a especificidade das noções de hegemonia e sociedade civil em Gramsci continua chamando a minha atenção.

> Uma classe é hegemônica não tanto até o ponto em que ela consiga impor uma concepção uniforme do mundo sobre o resto da sociedade, mas até o ponto em que consegue articular diferentes visões de mundo, de modo que seu antagonismo potencial seja neutralizado (LACLAU, 1977 apud HART, 2002, p. 26).

Dialogando com o Laclau, Hart, uma sul-africana, anota:

> Para Gramsci, a sociedade civil não é a esfera da liberdade, mas da hegemonia. Hegemonia nesse sentido não se refere à dominação, manipulação ou doutrinação ideológicas. Antes, é mais útil que seja entendida como um processo político contestado (...). Entendida assim, a hegemonia é inerentemente frágil, e precisa ser constantemente renovada, recriada, defendida e modificada (HART, 2002, p. 26, tradução nossa).

Foi no contexto de tais meditações teóricas que comecei a contemplar a possibilidade de reformular essa dissertação, empregando um foco mais voltado para o cotidiano. Enquanto os movimentos sociais me forneciam um alvo de estudos muito mais recente e excitante, as minhas novas experiências de desigualdade social no Brasil começaram a ocupar cada vez mais meus pensamentos. Eu ponderava não somente sobre o Brasil, mas também sobre as dinâmicas de desigualdade, e as múltiplas histórias paralelas vivenciadas em meu país no hemisfério Norte – de colonialismo e independência, de escravidão e abolição, do estabelecimento parcial e desmantelamento dos Estados de bem-estar social nos Estados Unidos, e das formas históricas e atuais de opressão de gênero, raça e classe. Entendendo essa desigualdade endêmica brasileira, não tanto como uma base estática de onde possam ter surgido esses movimentos sociais ainda interessantes, mas também como um *processo* sendo constantemente reproduzido nas vidas cotidianas de todos os brasileiros, o desvio do meu foco acadêmico se concretizou. O fato de, desde a minha primeira vinda ao Brasil, eu sempre ter sido extremamente bem recebido nas casas da classe média e alta brasileiras[8] facilitou bastante as minhas investigações iniciais

8 Afinal, quem da classe média não quer um novo amigo da Califórnia? Imagino que se eu não fosse, como um colega me chamou, "o bom gringo" que

nesse outro campo da reprodução da hegemonia neoliberal no país. O olhar comparativo entre o Brasil e os Estados Unidos surgiu a partir de uma sugestão do meu orientador, Sedi Hirano, e se mostrou frutífero em termos teóricos e para o desenvolvimento de uma crítica mais sofisticada, que foge da tentação de fazer um ato brusco de "brasilianismo"[9] contra a barbaridade das divisões sociais tão nítidas no Brasil, para se tornar – assim espero – uma etnografia, situada em dois países, que se desdobra em uma crítica clara e mais geral ao neoliberalismo como um modelo e uma ideologia de desenvolvimento e organização econômica que têm falido em cumprir suas promessas sociais em ambos os lados da linha do Equador, ao passo que esse modelo e essa ideologia vêm sendo replicados ativamente em várias partes do mundo.

---

eu sou, razoavelmente bem comportado, os assuntos que eu fui levantando com esses novos amigos em casas opulentas e restaurantes de alto padrão (o MST, os esquadrões de morte, os sem-tetos do centro, a violência da periferia etc.) não teriam sido recebidos com discussões tão sérias. Com muita sorte, eu consegui manter boas relações com muitos desses brasileiros generosos e cordiais, que toleraram muitas das minhas indagações muito além do que eu percebo hoje ter sido apropriado ou socialmente aceitável.

9 Veja Maisonnave (2001) e Miceli (1990).

INTRODUÇÃO
PROXIMIDADE E POBREZA

Táticas de ignorância: vozes dos pobres

Em 1999, ao mesmo tempo em que militantes norte-americanos e de dezenas de outros países preparavam, em Seattle, as manifestações contra a Organização Mundial de Comércio (OMC) – o que depois ficou conhecido como o lançamento do "movimento antiglobalização"[1] –, um grupo de funcionários do Banco Mundial, em Washington, começava diligentemente a realizar uma das maiores pesquisas sobre pobreza na história do mundo: *Voices of the Poor* [Vozes dos Pobres] (NARAYAN-PARKER, 2000). Esse estudo reuniu entrevistas com 60 mil pessoas pobres em 60 países, nas quais as principais questões tratavam de condições de vida, necessidades mais urgentes, e eficácia de programas estatais e nãogovernamentais para promover o desenvolvimento.

O Banco Mundial usou o estudo como uma das primeiras respostas plausíveis contra protestos de uma manifestação ocorrida cinco meses antes na frente do edifício do Banco em Seattle. O Banco publicou os resultados em três grandes volumes, com várias recomendações específicas e pungentes para governantes, ONGs e

1 Atualmente muitos participantes desse movimento preferem se identificar como parte do "Movimento por Justiça Global" [*Global Justice Movement*] (INSTITUTE FOR POLICY STUDIES, 2002).

organismos financeiros internacionais, como o próprio Banco. Ao final da conclusão do segundo volume, *Crying Out for Change*, o qual ostensivamente deu voz a essas 60 mil pessoas pobres, e outros milhões de pessoas, seus autores declararam o seguinte:

> A necessidade e a oportunidade para agir e para mudar são maiores para os que são ricos e poderosos, e que nunca entram em contato direto com as pessoas pobres. Para eles, pode ser difícil conhecer os efeitos de suas ações e de sua própria inércia. Pode ser fácil e atraente não saber. Poucos políticos, formuladores de políticas, burocratas, funcionários de agências internacionais e a elite influente têm tido a oportunidade de aprender com pessoas pobres. (NARAYAN-PARKER, 2000, p. 289 apud SKIDMORE, 2004, p. 14).

Embora essa súplica pareça, em princípio, bastante progressista e baseada em observações astutas, depois de um olhar mais profundo no texto, enxerga-se um problema. É verdade que as pessoas ricas e poderosas nunca entram em contato direto com pessoas pobres? É verdade que a elite e os políticos não têm tido a oportunidade de "aprender com pessoas pobres"?

Nas grandes metrópoles do Sul Global, como São Paulo, é quase impossível achar uma pessoa pertencente às camadas mais altas da sociedade que não tenha, no mínimo, um ou dois empregados domésticos e, ainda, motorista, jardineiro, cozinheiro, segurança; ou seja, empregados de camadas que seriam classificadas certamente abaixo da classe média, provavelmente na categoria geral das "pessoas pobres". Mas, com certeza, uma empregada doméstica, em uma cidade, tem muito mais – em termos materiais – do que uma pessoa à beira da fome no sertão brasileiro, ou em Bangladesh.

Dentre esses empregados de serviços "não especializados" estão muitos migrantes recém-chegados de lugares com alto nível de pobreza e destituição; em São Paulo, há pessoas do Nordeste ou do Norte do Brasil. Nos Estados Unidos, encontramos a mesma dinâmica – em São Francisco, Nova Iorque ou Chicago, há muitos empregados domésticos vindos de El Salvador, Guatemala e Caribe, ou mesmo de partes mais abandonadas dos Estados Unidos.

Além disso, se, por um lado, ter um empregado morando em sua casa, ou indo lá cinco ou seis dias por semana, não constitui o que o Banco Mundial consideraria como "contato direto" com as pessoas pobres, por outro, cada um dos ricos e poderosos no mundo atual encontra, regularmente, garçons, camareiras, zeladores e pedintes no seu dia a dia. Embora essas pessoas talvez não caibam na categoria de pobreza absoluta, como, por exemplo, caberia um morador de um acampamento de refugiados, às vezes as condições de vida dessas pessoas no Brasil não chegam a ser tão diferentes. As duas horas, ou mais, de trajeto feito em ônibus e/ou trem que frequentemente separam a residência do local de trabalho de uma dessas pessoas podem ainda separar as condições materiais de vida tão assimétricas, comparáveis a mundos distintos. Enquanto um supermercado, uma loja de roupa ou o lar de um empregador em São Paulo talvez não possam ser diferenciados de tais lugares no chamado "Primeiro Mundo", o empregado pode morar em uma favela sem saneamento básico, com eletricidade instável, e com falta de policiamento que o deixa com medo de andar em sua própria rua. Para pessoas dessa camada precária e altamente vulnerável da sociedade, perder o emprego ou ter uma doença pode causar sérios problemas, como o desemprego durante meses ou anos.[2] Também

---

2 Scott e Leonhardt (2005) descrevem com detalhe essa precariedade sistemática experimentada pelas pessoas de classe baixa nos Estados Unidos.

muitas pessoas das camadas baixas urbanas têm enviado remessas para resgatar parentes em altos níveis de pobreza em outras regiões, como o Nordeste brasileiro,[3] ou os latino-americanos e outros migrantes nos Estados Unidos, aos quais se referia o relatório do Banco Mundial (TAYLOR, 1999).

Constata-se, então, que não é verdadeiro dizer que as pessoas das camadas sociais privilegiadas não têm tido a oportunidade de aprender com pessoas pobres. De fato, ocorre o oposto; as pessoas mais privilegiadas têm, cada vez mais nas grandes metrópoles do mundo, acesso íntimo a essas pessoas na forma do ascendente "setor de serviços pessoais" (HAMNETT, 1996; PAES DE BARROS E MENDONÇA, 1997). O grande problema está no fato de os ricos construírem, subconscientemente, na maior parte do tempo, uma série de caminhos mentais e modos sociais que impedem o diálogo sobre as condições de vida dessas pessoas pobres com quem eles convivem diariamente, facilitando a manutenção de duas sociedades cada vez mais segregadas social e economicamente.

Foi a partir dessa observação que o presente estudo surgiu – com um particular interesse em escavar o funcionamento específico

3 No Nordeste do Brasil, muitas famílias "agrícolas" permanecem no meio rural apenas pelo fato de terem uma renda "suplementar", das contribuições de um membro da família que trabalha no serviço doméstico; essa renda "suplementar" da "família extensa", em muitos casos, supera a renda na agricultura e também, argumenta Nascimento (2004), até a suplanta por completo; caso no qual a família desiste completamente da pequena agricultura e se torna uma família não empregada totalmente dependente do salário do serviço doméstico remunerado. Ainda, diz Nascimento, essas rendas adicionais de emprego doméstico, *mais* do que as novas transferências de renda na forma de aposentadorias e pensões são responsáveis pela diminuição no número de pessoas que estão abaixo da linha de pobreza no meio rural.

desse processo de "naturalização",[4] ofuscação e externalização[5] da pobreza, que assim permite aos norte-americanos e aos brasileiros ricos continuarem com suas próprias vidas, sem se questionarem profundamente a respeito da relação individual de empregador-empregado, ou sobre a ordem social que mantém, desde os tempos de escravidão, essas duas sociedades tão nitidamente divididas entre aqueles que têm e os que não têm.

Embora eu tenha elaborado alguns esboços iniciais sobre as relações cotidianas entre pessoas ricas e pobres no geral, incluindo, por exemplo, funcionários de postos de gasolina e de supermercados, garçons, e seguranças,[6] ao longo do processo de investigação

---

4 Termo usado por Kowarick (2003, p. 78), "não só quem está no comando da relação social se desobriga dos que estão em posição de subalternidade, mas também a própria nebulosidade do descompromisso, pois, segundo esse raciocínio, ela é também tida e havida como inelutavelmente natural...".

5 Eu uso o termo "externalização" no sentido de que a pobreza, no discurso do empregador, parece pertencer a um outro universo, não só moral, mas também econômico, conquanto a realidade demonstra que é justamente essa divisão econômica e a falta de oportunidades de trabalho fora do emprego doméstico que possibilitam as condições de vida luxuosas das classes privilegiadas. O termo, que vem do inglês *externalization*, é emprestado parcialmente da psicologia: "*Psicologia:* projetar (uma imagem mental ou processo) em uma figura exterior a si mesmo; exemplo: tais neuroses são externalizadas." (OXFORD, 2005) É nesse sentido que o empregador reenquadra o processo histórico e a situação atual de pobreza de uma empregada doméstica como formalmente desligados, em termos morais, de sua vida. É assim que os empregadores conseguem construir oportunisticamente relações de exploração tão bem emocionalmente sustentáveis e resolvidas.

6 Barbosa (2000) inclui ambos, empregados de edifício e empregadas domésticas, em seu livro *Trabalho e Residência:* Estudo das ocupações de empregada doméstica e empregado de edifício a partir de migrantes "nordestinos". Porém, as questões de migração, trabalho e de ordenamentos espaciais urbanos

primária, percebi que o emprego doméstico oferecia vantagens sobre as outras ocupações a respeito do meu desejo de atingir um entendimento superior do processo supracitado de "naturalização" das desigualdades. As vantagens em se utilizar a relação específica entre as empregadas domésticas[7] e os empregadores como uma perspectiva de análise vêm, assim, principalmente da própria intimidade e intensidade dessa relação. Convivendo juntos diariamente, às vezes, morando na mesma residência, e recebendo salários drasticamente assimétricos, a empregada doméstica e o empregador experimentam e negociam constantemente essa desigualdade que está presente também em outros setores da sociedade, escondida atrás das cadeias de produção ou nos encontros breves e superficiais entre o "consumidor" da classe média ou alta e o trabalhador desqualificado. A empregada doméstica – ainda que o simples fato de estar trabalhando sugira uma posição econômica mais favorável do que os 5 a 10% de pessoas tipicamente desempregadas nos dois países estudados em anos recentes –[8] efetivamente ocupa um espaço extremamente baixo na hierarquia de empregos. Frequentemente caracterizado como uma opção de último recurso, o emprego doméstico também se distingue por exigir tanto um trabalho braçal pesado – um dia de trabalho que geralmente ultrapassa os padrões legais – quanto um trabalho "emocional" intenso – no caso não só de babás e *babysitters*, mas também de faxineiras, arrumadeiras e

---

são os eixos centrais de seu estudo, não focado na questão dos entendimentos e dos discursos sobre desigualdade por parte dos empregadores, ponto central no presente estudo.

7 Veja página 31 para uma discussão sobre a escolha específica de empregadas domésticas (mulheres) como o foco do presente estudo.

8 Veja IBGE (2005a) e Bureau of Labor Statistics (2007b).

outras empregadas de quem se exige um afeto de servidão quase constante durante o serviço.[9]

O empregador, por outro lado, encontra-se em uma posição de poder explícito[10] que reflete o seu *status* na sociedade em geral, o qual, em outras esferas da vida, não pode ser tão nitidamente visto, nem por ele, nem por um observador casual. Em outras palavras, pelo fato de a maioria das interações sociais íntimas de um empregador, durante um dado dia, geralmente acontecerem com pessoas de camadas sociais semelhantes (colegas de trabalho, amigos, parentes...), é comum que uma pessoa, que claramente pertença a camadas mais altas de uma sociedade, tenha uma autopercepção caracterizada por um sentimento subjetivo de insuficiência ou mediocridade em termos de *status* socioeconômico (CALIARI, 2004; O'DOUGHERTY, 2002; JACKMAN; JACKMAN, 1973; ESTANQUE, 2007). Ao interagir diretamente com uma empregada doméstica, a realidade do posicionamento social de uma pessoa da classe média ou alta se torna concreta e, no contexto de tais interações interpessoais, as desigualdades sociais gerais estão reificadas em uma relação específica, individual, concreta e única. O fato de tais relações terem um alto potencial para se tornarem banais, e até mecânicas no dia a dia de qualquer lar, como pretendo argumentar, reflete também os macroprocessos de banalização ou "naturalização" da desigualdade socioeconômica, o que, nas sociedades democráticas[11] da virada do século XXI, foi um elemento absolutamente

9 Veja discussão na página 34.

10 Esse poder inclui o poder direto de determinar o salário, as condições de trabalho e, em muitos casos, as possibilidades reais de ascensão social do empregado e da sua família.

11 Apesar dessa categoria analítica apresentar seus próprios problemas teóricos em geral (AGAMBEN, 1998), mas também nos casos específicos do Brasil

fundamental para a contínua reprodução dessas próprias desigualdades. Ecoando as observações supracitadas de Laclau e Hart,[12] Rollins (1986) enfatiza a potência desse dilema:

> ...a discussão geral [nas ciências sociais] de libertação da opressão – seja política, sexual ou racial – tende a enfatizar a mudança econômica como o aspecto mais fundamental da mudança existente na criação de sistemas econômicos mais justos. Pesquisa sobre a importância crítica da *consciência* [*minds*] das pessoas na criação e manutenção de sistemas hierárquicos parece ter sido recebida como um fraco campo complementar se comparado a pesquisas sobre a importância de arranjos materiais. Fraco demais, na minha opinião: a dialética entre consciência e mundo material não se dá entre elementos desiguais em peso ou importância (ROLLINS, 1986, p. 5, grifos da autora).

Foi a partir da forte convicção do vínculo direto entre as atitudes e as práticas cotidianas presentes nas relações entre pessoas de níveis diversos de poder, e da percepção da reprodução social de tais desigualdades, que esse estudo surgiu. É importante, porém, destacar o fato de que essa divisão entre uma análise estrutural e uma análise, por assim dizer, mais cultural, não nega o fato de que

---

(a corrupção endêmica) e dos EUA (as crescentes tendências imperialistas e fascistas), o termo é aqui empregado no sentido mais amplo e generoso, para significar o simples fato (ou crença) de que os comportamentos, opiniões e, enfim, as escolhas dos representantes políticos dos sujeitos dessas democracias ainda sejam ao menos parcialmente importantes no desdobramento das formas futuras de tais sociedades.

12 Veja página 16.

exista uma dialética importantíssima entre as ideias das pessoas comuns, mesmo quando colocadas em termos não explicitamente políticos, e as estruturas e grandes ideologias políticas, econômicas e sociais. A citação de uma fonte talvez inesperada ajuda a esclarecer a relação:

> As ideias dos economistas e filósofos políticos, estejam elas corretas ou equivocadas, são mais potentes do que como em geral são entendidas. De fato, o mundo é governado por pouco mais que isso. Homens práticos, que creem serem realmente isentos de qualquer influência intelectual, são usualmente os escravos de algum economista defunto (KEYNES, 1936 apud TIME MAGAZINE, 1965, tradução nossa).

Nos *Cadernos do Cárcere*, Gramsci explica sua conceituação muito próxima à de Keynes, mas, de certa forma invertida e certamente mais libertária: "todo indivíduo exerce algum tipo de atividade intelectual; ele é filósofo, ele compartilha uma concepção de mundo e portanto contribui a sustentá-la ou modificá-la..." (GRAMSCI, 1992, p. 215, tradução nossa). Essa noção do cerne do "bom senso" embutido em uma visão de "senso comum" promulga a ideia de que poderia ser liberada dentro de qualquer pessoa, a partir da experiência, da educação, da capacitação ou da formação política, uma visão crítica, revolucionária e geradora de mudanças fundamentais na ordem social (BURAWOY, 2003, p. 35).

Essas formulações de Gramsci têm, como muito de sua obra, raízes em uma ideia central do Marxismo: a "falsa consciência". Na verdade, o termo é pouco desenvolvido na obra do próprio Marx, mas figura proeminentemente na carta de Engels a Franz Mehring em 1893, dez anos após a morte de Marx, em que Engels admite que, enquanto ele e Marx tinham desenvolvido bastante a relação causal entre a estrutura (ou base) econômica e a superestrutura jurídico-político-ideológica em seus longos trabalhos que explicavam o materialismo histórico, eles se culpabilizavam por não terem explorado mais a relação invertida, ou seja, como a superestrutura reproduz a estrutura:

> ...nos escritos de Marx e nos meus, não surge, como regra, suficientemente destacada e em relação ao qual somos culpados ambos, em igual medida. Com efeito, ambos colocamos o peso principal, em primeiro lugar, na dedução das representações políticas, jurídicas e todas as outras noções ideológicas e, assim também, dos atos intermediados por essas representações, a partir dos fatos econômicos fundamentais, sendo que assim tivemos de fazer. Nisso, negligenciamos, então, o lado formal, i.e. : o modo e a maneira segundo os quais emergem essas representações etc., em favor do lado conteudístico. Isso concedeu, pois, aos nossos adversários um pretexto bem-vindo para mal-entendidos ou desfigurações...
>
> A ideologia é um processo executado, em verdade, conscientemente pelo assim chamado pensador, porém com falsa consciência. As forças propulsoras efetivas que o movimentam permanecem-lhe desconhecidas. Caso contrário, isso não se trataria, precisamente, de um processo ideológico. O pensador em causa imagina, portanto, forças propulsoras falsas ou aparentes. Por se tratar de um processo intelectual, ele deduz tanto o conteúdo quanto a forma desse processo a partir do pensamento puro, seja a partir do seu próprio pensamento, seja a partir daquele de seu precursor. Trabalha com o puro

> material do pensamento que aceita, indiscriminadamente, como produzido pelo pensamento, não investigando, adicionalmente, pelo contrário, uma origem mais remota, independente do pensamento. E, na realidade, isso lhe surge mesmo como algo evidente, dado que todo o agir – porque intermediado pelo pensamento – parece-lhe fundado, igualmente, em última instância, no pensamento, O ideólogo da história (o histórico deve significar aqui, de modo simplesmente resumido, o político, o jurídico, o filosófico, o teológico, em suma: todos os domínios que pertencem à sociedade – e não meramente à natureza) – o ideólogo da história possui, portanto, em cada domínio científico, um material que se formou autonomamente a partir do pensamento de gerações precedentes e percorreu uma série própria e autônoma de desenvolvimento no cérebro dessas gerações que se seguiram umas às outras. (ENGELS, 1893).

Essa explicação da ideia de "falsa consciência" é de certa forma problemática no sentido em que, se o sociólogo almeja atingir uma audiência fora dos círculos cada vez menores de marxistas tradicionais, escrever dentro desse esquema epistemológico e com esse vocabulário específico, pode acabar limitando dramaticamente o impacto de qualquer obra assim produzida. Ao mesmo tempo, é verdade que operar sem uma noção concreta da centralidade de conscientização do não acadêmico, em uma pesquisa amplamente definida como "cultural" como essa, acaba sendo profundamente deficiente.

É assim que procuro, neste estudo, escrutinar e descrever os pensamentos e entendimentos cotidianos manifestados nas relações entre empregadores e empregadas domésticas; busco também, dentro da tradição de Burawoy, Hart, e outros da "etnografia crítica" (BURAWOY, 1979; HART, 2002), inspirado por Marx e Gramsci, encontrar os vínculos específicos que amarrem os comportamentos e crenças contidos nessas relações à reprodução hegemônica de ideologias políticas e econômicas específicas que, por si, garantam a reprodução das desigualdades sociais e possibilitem a existência contínua de uma situação *econômica* que legitime a contratação "comum" e crescente de empregadas domésticas.

Vidal (2007) descreve esse processo propondo que essas desigualdades são normalizadas em termos de alteridade: "Essa naturalização da desigualdade social repousa sobretudo na convicção de uma alteridade entre o mundo que os empregadores chamam de 'classe média', e aquele de onde vêm as empregadas domésticas." (VIDAL, 2007, p. 167-168). Essa nítida existência paralela de dois mundos éticos no Brasil está intensamente relacionada ao conteúdo subjacente da citação do presidente americano Andrew Johnson, apontada no prefácio deste trabalho (veja página 10), e à afirmação da paulista que dissera que "todo mundo tem empregada" no Brasil. Mas esses universos éticos paralelos da classe média e do "povão" não se restringem ao Brasil; existem as mesmas contradições nos Estados Unidos, com o crescente número de empregadas domésticas que são imigrantes ilegais, sem acesso a qualquer proteção legal; e que aos olhos das classes média e alta dos Estados Unidos são objetos de um discurso consideravelmente diferente do contexto brasileiro, mas também nitidamente construído como parte de seu universo moral e econômico. Nos dois países, é pouco refletida, pelo empregador, a correspondência entre as exigências financeiras, familiares e emocionais de uma empregada doméstica e o poder aquisitivo de seu salário – o mercado determina o preço, e o fato da empregada aceitá-lo voluntariamente sinaliza para muitos empregadores que as suas responsabilidades éticas ou morais são assim cumpridas.[13]

---

13 Veja Hondagneu-Sotelo sobre o processo de determinação de salários por meio de redes de empregadores (HONDAGNEU-SOTELO, 2001, p. 81-91).

Kowarick, em seu importante artigo sobre o assunto, "Sobre a Vulnerabilidade Socioeconômica e Civil: Estados Unidos, França e Brasil", compara a situação americana – na qual a explicação da pobreza tem, em boa parte do discurso público, especialmente o discurso conservador e neoliberal, uma forte tendência a "culpabilizar a pobreza, associando-a à indolência, à desorganização familiar e até mesmo à criminalidade" (KOWARICK, 2003, p. 63) –, à situação presente no Brasil:

> Penso que tal processo tem pelo menos duas matrizes de atuação diversas, mas articuladas entre si. A primeira é clássica, e pode ser designada de controle e acomodação social pela *naturalização dos acontecimentos*. Ao invés de culpabilizar os pobres, os mecanismos residem justamente em desresponsabilizá-los da situação em que foram lançados por acaso, sorte ou azar que despenca aleatoriamente sobre uns e não sobre outros. Trata-se de discursos da imponderabilidade que seguem as leis incontroláveis da natureza ou a inevitabilidade daquilo que é assim porque assim sempre foi. A atualização desses equacionamentos proclama as leis inescapáveis do mercado, da globalização, do avanço tecnológico ou da hierarquização social e, dessa forma, acaba por levar à individualização da questão do pauperismo...
>
> A outra matriz de controle e acomodação social pode ser designada de *neutralização*. Baseia-se tanto em ardilosos artifícios de persuasão, como em escancarados métodos de constrangimento e coação que conformam mecanismos para reforçar as dinâmicas de subalternização. Inicio esta colocação aludindo ao tradicional ditado, não tão popular, que afirma que as pessoas devem permanecer nos

> seus devidos lugares – "cada macaco no seu galho" (KOWARICK, 2003, p. 78).

São esses discursos protoideológicos e "desistoricizados" aos quais Kowarick se refere que amarram as práticas e crenças de pessoas comuns descritas acima por Rollins, com a reprodução das macroestruturas de poder e desigualdade, frequentemente ocultadas dessas próprias pessoas, que, concordando com a leitura supracitada de Gramsci discutida por Hart e Laclau (veja página 16), compõem a essência da hegemonia do capitalismo neoliberal. É assim que este estudo almeja construir o início de uma resposta ao supracitado estudo do Banco Mundial, *Voices of the Poor.* Apesar de, ao final, o estudo do Banco ter se tornado um documento histórico, e talvez útil para os praticantes do desenvolvimento no próprio banco ou nas ONGs e governos parceiros da instituição, ele não aponta claramente as raízes do problema, que também possam ser justamente achadas no outro lado da equação – as *vozes dos ricos*, as atitudes dos detentores de poder e riqueza sobre essa própria pobreza e os seus sentimentos de responsabilidade ou mesmo habilidade para alavancar ação sobre o assunto.

O presente estudo foi construído com essa sensibilidade, sob um olhar que busca utilizar uma investigação sobre o emprego doméstico como lente específica para enfocar um segundo objeto – mais geral e também mais difícil de se localizar – a reprodução e a lógica interna da ideologia dominante do neoliberalismo.

O presente estudo: teorias e métodos

A partir do enquadramento teórico acima discutido, o presente estudo comparativo foi elaborado com base no *extended case method* [método do caso estendido], com origem na escola Manchester de Antropologia Social e formalizado como metodologia na Sociologia estadunidense e inglesa por Burawoy (1998). No seu artigo inovador sobre o método, Burawoy escreve:

> A ciência reflexiva parte do diálogo, virtual ou real, entre observador e participantes, e embute tal diálogo dentro de um segundo diálogo entre processos locais e forças extralocais que, por conseguinte, só podem ser compreendidos por um terceiro diálogo, expandido, da teoria consigo mesma. (....)
>
> O *extended case method* aplica a ciência reflexiva à etnografia para extrair o geral do particular, para ir do "micro" para o "macro", e para ligar o presente ao passado na antecipação do futuro, tudo por construir sobre a teoria existente (BURAWOY, 1998, p. 5).

Burawoy desenvolveu essa metodologia ao longo de uma série de estudos, começando primeiro com uma investigação das relações raciais no pós-apartheid em que ele trabalhou, como observador participante, na administração de uma empresa multinacional de mineração na recém independente Zâmbia. Depois disso, ele chegou também a trabalhar em uma fábrica em Chicago, onde estudou os processos de trabalho e os consensos sobre as condições de trabalho ocorridos entre os trabalhadores no contexto das mudanças de gerenciamento da fábrica, que passava das mãos de uma empresa local para as de uma multinacional (BURAWOY, 1979). Sempre usando uma situação local e específica para refletir sobre fenômenos maiores e de interesse teórico, Burawoy instilou em mim um desejo de conduzir meu estudo da mesma forma, estudando meus objetos por métodos mais tradicionais, de análise de estatísticas demográficas e de resultados de pesquisas quantitativas sobre o assunto, aliados a pesquisas históricas, entrevistas formais, e observações informais sistemáticas de situações sociais no interior da classe média brasileira, onde eu observava continuamente as discussões, comportamentos e relações que caracterizam a questão do emprego doméstico. De uma perspectiva metodológica mais ortodoxa, um estudo singular da tradição sociológica não juntaria técnicas tão heterogêneas. Burawoy, porém, defende essa combinação no artigo supracitado:

> Preferimos debater técnicas apropriadas, ou até tolerar a total rejeição da ciência, ao invés de encarar a possibilidade de dois modelos coexistentes de ciência, o que poderia trazer a destruição de nossas prescrições metodológicas. Mesmo assim espero demonstrar que a ciência reflexiva tem a sua recompensa, possibilitando a investigação de grandes padrões históricos e macroestruturas *sem* abandonar nem etnografia nem ciência. (BURAWOY, 1998, p. 6).

A partir disso, foi preciso delimitar um campo de pesquisa para facilitar a possibilidade de fazer uma real comparação entre a ocupação doméstica nos dois países, Brasil e Estados Unidos, escolhendo dois locais etnográficos que tivessem materiais secundários suficientes para complementar minha pesquisa pessoal. A primeira delimitação foi de gênero. No Brasil, em 2004, havia cerca de 6,5 milhões de trabalhadores domésticos, dos quais aproximadamente 500 mil (6,7%) eram homens (DIEESE, 2006, p. 13);[14] nos Estados Unidos, do total de 884 mil trabalhadores domésticos, 40 mil (4,5%) eram homens (U.S. Census Bureau, 2000). Tendo em vista que atualmente a grande maioria dessa categoria de trabalhadores é feminina, decidi abandonar a parte masculina do grupo no

14 Empregados "polivalentes", atendentes, jardineiros e motoristas formam 94% dos homens identificados como trabalhadores domésticos (MELO, 1998).

interesse de poder adiantar o estudo comparativo sem perder muito em relevância.[15] A despeito da sugestão de um colega para que eu estreitasse o universo empírico de empregadores pertencentes a uma classe específica, e paralela nos dois países, achei que, ao final, restringiria meus interesses teóricos, pois, de fato, as classes "paralelas" nos Estados Unidos, correspondentes àquelas dos empregadores brasileiros, se definidos pela escala de classes A, B, C, D e E determinadas por posse de itens de consumo ou por renda familiar (ABEP, 2003), acabariam me levando a uma incongruente situação em que eu teria de comparar empregadores brasileiros de uma, ou até duas empregadas morando em casa com empregadores estadunidenses com, talvez, uma faxineira que vem apenas a cada quinze dias. Também existe o problema mais fundamental de tentar adequar uma classe econômica no Brasil a uma classe ou classes estadunidenses, pois tal esforço implicaria em uma discreta conceituação de classe como um objeto concreto, enquanto, na verdade, a correlação entre ambos, renda e posse de itens de consumo, não necessariamente reflita, diretamente, o nível de mordomia experimentado por uma dada família, justamente por causa da natureza dinâmica de mercados de trabalho nacionais e globais. Finalmente, há outro problema com essa abordagem que restringiria o estudo a uma só classe de empregadores, ou a um só

15 Talvez, em um trabalho futuro, meu ou de outro pesquisador, seja interessante voltar a considerar essa parte, considerando: 1) o fato de que os homens recebem em média salários maiores do que as mulheres da categoria (MELO, 1998); 2) que a taxa de homens trabalhadores domésticos está aumentando no Brasil mais rapidamente que a taxa feminina (MELO, 2002); 3) que uma análise etnográfica das hierarquias no tratamento dentro de casas individuais seria um objeto interessante a ser considerado, por exemplo investigando as visões de empregadores sobre o papel do empregado doméstico masculino *versus* o correlato feminino em sua própria família.

tipo de empregada doméstica: o fato de nos Estados Unidos haver uma predominância de diaristas, *professional cleaning services* [faxineiras de empresas], *au pairs* e babás; e no Brasil haver uma relativa abundância de mensalistas que cozinham, fazem faxina, e também cuidam de crianças, indicando preferências culturais e determinantes estruturais econômicos que não podem deixar de ser objetos importantes deste estudo.

Ao levar esses problemas em consideração, resolvi tratar de maneira conjunta, no segundo capítulo, que aborda a questão sob um olhar macro-histórico, os vários tipos de empregada e de empregador. Na segunda parte do texto, onde relato os resultados da minha investigação etnográfica, comparo esses resultados com observações empíricas de outros autores, iniciando com uma breve tipologia dos arranjos de trabalho mais comuns nos dois países e tomando o cuidado para que as minhas comparações entre os países respeitem essas divisões importantes da ocupação. Foi possível tratar um grupo tão diverso graças à grande diversidade de trabalhos já existentes sobre o assunto, os quais discuto abaixo.

Esta minha pesquisa etnográfica é composta por 19 entrevistas formais com empregadores e empregadas domésticas (12 no Brasil e 7 nos Estados Unidos); foi conduzida durante um mês de convivência com uma família tradicional da alta burguesia paulistana, a qual empregava duas empregadas domésticas e um motorista; e inclui ainda dezenas de horas de conversas informais e observações etnográficas conduzidas ao longo de dois anos de estudos sobre o assunto, dos quais quatro meses foram realizados nos Estados Unidos e vinte, no Brasil. A pesquisa etnográfica pessoal, somada às observações etnográficas de vários autores sobre o assunto, e informada por representações e discussões do emprego doméstico no cinema, televisão, documentários, jornais populares e pornografia, forma a base empírica das observações teóricas sobre o assunto, e é usada para construir um retrato da profissão nos dois países, com foco específico nos estados de São Paulo e Califórnia.

Para situar essas observações etnográficas, uma ampla leitura sobre o fenômeno foi realizada, tendo como foco as obras existentes sobre o assunto nos Estados Unidos e no Brasil, bem como materiais com base em estudos etnográficos em outros países, incorporados devido a suas contribuições teóricas para o assunto. Durante o período de levantamento bibliográfico, foi descoberto que houvera, ao longo das últimas décadas, um elevado aumento de literatura acadêmica escrita sobre o assunto. Desde 1980, foram publicados, de acordo com o material a que tive acesso, 30 livros inteiramente dedicados ao tema do emprego doméstico – isso apenas em português e inglês. Essa alta taxa de produção intelectual – mais de um livro por ano,[16] duas ou três vezes mais artigos em jornais acadêmicos, uma quantidade expressiva de literatura não editorial (teses, relatórios de ONGs e governos, *proceedings*, e outros documentos sem acesso comercial), e um número muito elevado de artigos na mídia popular –[17] comprovou-se extremamente útil na elaboração dos argumentos teóricos e na tentativa de construir uma etnografia binacional mais sistemática sobre o assunto. Embora o campo de

16 Cf. COCK, 1980; KATZMAN, 1981; SUTHERLAND, 1981; FARIAS, 1983; DUDDEN, 1985; ROLLINS, 1986; CHANEY et al., 1989; HANSEN, 1989; PALMER, 1989; LAUDERDALE, 1992; ROMERO, 1992; GILL, 1994; GREGSON; LOWE, 1994; HEYZER et al., 1995; WRIGLEY, 1995; BAKAN; STASIULIS, 1997; CONSTABLE, 1997; CHIN, 1998; MOMSEN, 1999; ANDERSON, 2000; BARBOSA, 2000; CHANG, 2000; OZYEGIN, 2000; HONDAGNEU-SOTELO, 2001; KOFES, 2001; PARREÑAS, 2001; TUOMINEN, 2003; COX, 2006; LAN, 2006; HALDER, 2007.

17 Cf. SALEK, 2006a; SALEK, 2006b; WALDMAN, 2005; WASSERMANN, 2006a; WASSERMANN, 2006b; ZHOU, 2006; BBC BRASIL, 2006; CAVALCANTI, 2006; KANTOR, 2006.

literatura seja bastante denso, existem algumas brechas interessantes ainda abertas, especificamente na área de estudos comparativos entre países, os quais ainda são poucos,[18] e também com o foco especificamente voltado para o empregador.

Enquanto uma resenha compreensiva dessa fartura de produção acadêmica sobre o emprego doméstico não fosse totalmente possível, é importante aqui nos perguntarmos quais as motivações e focos de tantos autores nas suas tentativas variadas de abordar esse campo.

Primeiro, fica óbvio na literatura etnográfica que o emprego doméstico é uma das ocupações mais repudiadas mundialmente (BRANDT, 2003, p. 3-4; ROLLINS, 1986), e é frequentemente visto como um emprego de último recurso (HONDAGNEU-SOTELO, 2001; OLIVEIRA et al., 1989), encarado pelas pessoas de acordo com sua situação nas posições menos favorecidas nas três hierarquias sobrepostas de raça, gênero e classe (GLANTZ, 2005, p. 98; MEAGHER, 1997, p. 2; QAYUM E RAY, 2003, p. 527).

É também um emprego com condições de trabalho peculiares: em muitas situações, o próprio empregador não encara seu empregado como tal, e mesmo o trabalho não é sempre visto como trabalho propriamente dito. O local de trabalho tampouco é tradicional, e as normas legais em geral não chegam a ser consideradas pelos empregadores, mesmo quando eles estão conscientes da existência dessas leis. As horas e dias por semana da jornada de trabalho das empregadas que moram no domicílio de seus empregadores fre-

18 Anderson (2000) compara a Grécia, a Espanha, a Itália, a França, a Alemanha, o Reino Unido e o Sul dos Estados Unidos. Parreñas (2001) examina o caso de empregadas domésticas filipinas em Los Angeles e Roma. Embora existam coleções de escritos que incluam casos de vários países (CHANEY et al., 1989; HEYZER et al., 1995; SANJEK; COLEN, 1990), esses dois livros são os únicos nos quais a comparação é o objeto central da obra autoral.

quentemente ultrapassam os limites legais do domínio jurídico do país onde o serviço é prestado. Além disso, o emprego doméstico se encontra cada vez mais no fim de um caminho de migrações, sejam entre regiões de um país (caso do Brasil), ou entre países e regiões do mundo. Uma grande parte da recente literatura internacional enfoca esse "novo" fenômeno social: pessoas se mudando de um país para outro, frequentemente com um grande investimento em uma passagem aérea, para poder mandar remessas de dinheiro para suas famílias que permanecem nos países de origem. Existem dois livros e diversos artigos sobre mulheres nessas condições, que emigram das Filipinas para Hong Kong, para o Golfo Pérsico, para a Itália e para outros países (CONSTABLE, 1997; CHANG, 2000; PARREÑAS, 2001; NUNG, 2006), e várias outras publicações sobre imigrantes da Ásia, da Europa Oriental, e da África do Norte para a Europa Ocidental (ANDERSON, 2000; COX, 2006; LUTZ, 2002; 2004). Surgiram novas obras também sobre a Austrália (MEAGHER, 1997; BITTMAN et al., 1999; MEAGHER, 2002), África do Sul (COCK, 1980; ALLY, 2005), Zambia (HANSEN, 1989), Turquia (OZYEGIN, 2000), Taiwan (LAN, 2006), Malásia (CHIN, 1998), Singapura (HUANG; YEOH, 1996), Sri Lanka (HEYZER et al., 1995), e vários países da América Latina (RUBBO; TAUSSIG, 1983; CHANEY et al., 1989; Gill, 1994), apenas para citar mais alguns exemplos.

Além do fenômeno ser um *locus* de várias formas de opressão, desespero e sofrimento, ele nos permite refletir sobre outros fenômenos sociais relacionados, tais como a transição entre escravidão, feudalismo e o mundo moderno capitalista (COSER, 1973); a inserção da mulher na força de trabalho (MILKMAN, 1976; JELIN, 1977); a chamada "nova divisão internacional do trabalho" (HUANG; YEOH, 1996); a questão da persistente importância de classes sociais e da desigualdade crescente tanto nos países do Norte quanto do Sul globalizado (FILET-ABREU DE SOUZA, 1980; GILL, 1994; GREGSON; LOWE, 1994; POCHMANN, 2003); e, finalmente, os efeitos das políticas neoliberais sobre tudo isso (CHANG, 2000; MISRA; MERZ, 2011). Como afirmou uma autora sobre o tema do emprego doméstico, é simplesmente "bom para pensar" sobre todos esses outros fenômenos (BRANDT, 2006). Foi exatamente essa perspectiva que me atraiu para o assunto.

O presente estudo almeja abordar duas linhas centrais de questionamento que vinculam o estudo macroteórico com a pesquisa etnográfica:

1) Por que, nos EUA e Brasil, ao contrário das previsões de cientistas sociais dos anos 1960 e 1970, o emprego doméstico como profissão cresceu em ambos os países nas últimas décadas? Qual é o significado desse crescimento para essas sociedades, e quais as implicações possíveis no caso da continuidade dessa tendência?

2) Quais são as principais diferenças entre as crenças e os comportamentos de empregadores de empregadas domésticas nos EUA e no Brasil? Qual a relação, caso haja alguma, entre essas crenças, os comportamentos diários e a reprodução mais geral do neoliberalismo e da desigualdade nos dois países?

Ao explorar essas duas indagações centrais, este estudo percorre um caminho do geral para o específico e depois de volta para o geral, usando como ferramentas-chave estatísticas demográficas, análise histórica, pesquisa etnográfica junto a detalhes etnográficos recolhidos dos textos de outros pesquisadores, e uma análise crítica dos argumentos de outros autores sobre o mesmo assunto.

A tese central que percorre o texto é a de que as relações cotidianas de emprego doméstico no Brasil e nos Estados Unidos representam um microcosmo importante para entender como as ordens sociais dos dois países são reproduzidas. Nos Estados Unidos e no

Brasil, atrás do ressurgimento recente do emprego doméstico está o poder de um discurso e de uma prática da "modernização" especificamente neoliberal promovida pelos Estados Unidos, e abraçada pelo Brasil. Os limites de tal modelo neoliberal também ficam claros; a modernização experimentada acaba sendo uma falsa modernização, que beneficia desproporcionalmente os ricos e os poderosos nos dois países, e deixa os pobres em situação cada vez mais precárias.

Conquanto o Brasil esteja caminhando cada vez mais para uma cultura e uma economia "racionais" nas linhas daquilo que já existe nos Estados Unidos, essa racionalidade capitalista específica que privilegia o mercado como a estrutura fundamental para o desenvolvimento humano não é necessariamente o caminho ideal para o país. De fato, durante os últimos 25 anos de políticas públicas neoliberais nos Estados Unidos, o país experimentou o crescimento de um abismo social entre as classes econômicas e cresceu um grande conflito cultural no lugar do nascimento do *American Dream*, com a estagnação da mobilidade social no país. Enquanto muitos estadunidenses ainda acreditam que seu país é a terra de oportunidades, essa crença não se confirma pelas tendências que mostram que, paradoxalmente, o país que forneceu o modelo neoliberal para o Brasil está agora experimentando uma espécie de *brasilianização*, perdendo a coesão social dos anos 1950 em favor de uma sociedade cada vez mais dividida, individualista e injusta. O emprego doméstico assim representa um microcosmo ideal para explorar tais transições e melhor entender as possibilidades para a construção de outros possíveis futuros para os dois países.

UMA OCUPAÇÃO QUE DESAPARECERIA: LEWIS COSER E PONTE OCUPACIONAL

Figura 1: "Um funcionário a passeio com sua família" – Rio de Janeiro, Jean Baptiste Debret, 1834 citado por Lauderdale (1992)

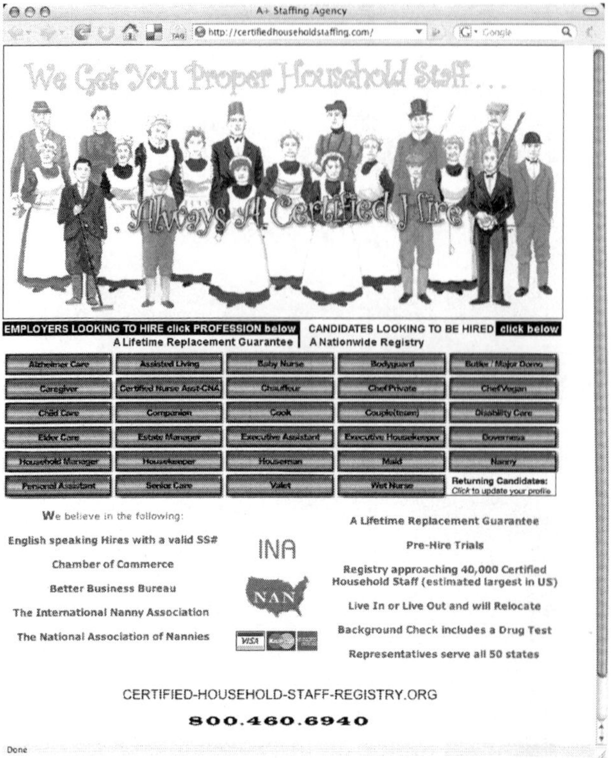

Figura 2: "Encontramos os Empregados Domésticos Certos Para Você" – Agência de empregos domésticos que oferece 29 tipos de profissionais – do mordomo à ama de leite –, além de garantias (CERTIFIED HOUSEHOLD STAFF REGISTRY, 2007).

Em 1973, o sociólogo americano Lewis Coser (1973) publicou um artigo que se tornou – apenas após algumas décadas – um clássico contemporâneo no campo dos estudos sobre trabalho doméstico (CALIARI, 2004, P. 30; ROLLINS, 1986, P. 227; ROMERO, 1992, p. 55-57). Ele previu o fim do papel social do *servant*[1] como uma

1 Coser fala especificamente dos *servants*, uma palavra que se traduz aproximadamente por "serviçais" e que têm atualmente nos EUA uma conotação

consequência inevitável da modernização. No contexto da queda da força de trabalho empregada como *servant*, que nos EUA caiu de 5,4% dos ocupados para 2,8% entre os anos de 1900 e 1960, seguida por uma queda paralela na Inglaterra, um outro foco do estudo de Coser, fica fácil entender por que ele previu o fim dessa ocupação. O autor, entretanto, não imaginava que a desigualdade nos Estados Unidos e no Brasil, desde a época em que ele escrevera, cresceria de forma tão nítida que, mesmo com a disponibilidade de todas as novas ferramentas e tecnologias que auxiliam no cuidado com a casa (máquinas de lavar louça e roupa, secadora, aspirador de pó etc.),[2] e com a crescente liberdade social, que não condena mais as pessoas a serem trabalhadoras domésticas, ainda haveria condições para a contratação de empregadas como uma opção escolhida tanto por famílias quanto por empregadas domésticas.

Coser é frequentemente citado na literatura atual sobre emprego doméstico como expoente de previsões insensatas. Qayum e Ray (2003, p. 522), escrevendo sobre a cultura de servidão doméstica em Calcutá, constatam que, "hoje há consenso de que Lewis Coser estava errado quando previu a obsolescência da ocu-

---

anacrônica e negativa. Como o "serviçal", o *servant* (homem ou mulher) é caracterizado por um afeto subserviente e obsequioso. Nas minhas entrevistas e pesquisas informais nos EUA, encontrei só uma pessoa que usou a palavra, e era um texano de uma família de classe alta que cresceu nos anos 1940 e 1950, tendo duas mulheres negras empregadas pela família, que as chamava de servants. Hoje, o entrevistado mora na Califórnia com sua família em uma casa de tamanho consideravelmente maior do que o padrão e emprega uma equipe de duas "*housecleaners*" [faxineiras] que atende à casa uma vez por semana.

2 Uma pesquisa de Kofes (2001) mostra que famílias com empregadas domésticas, em Campinas (SP), tendem a ter mais eletrodomésticos de que famílias que não têm empregadas.

pação do *servant* em 1973". Hondagneu-Sotelo (2001, p. 246) escreve com veemência:

> Não é à toa que essas previsões dos anos 1970 foram feitas por homens. Esses acadêmicos [Coser (1973) e Chaplin (1978)] subestimavam não só a compatibilidade entre modernização e desigualdade socioeconômica, mas também as aparentemente intermináveis atividades requisitadas para a manutenção das casas e o cuidado com as crianças. Eles também falharam em reconhecer que tecnologias que auxiliam no cuidado doméstico, junto à elevação nos padrões de higiene e de criação de crianças da classe média no século 20, têm frequentemente aumentado, em vez de diminuir, o número de horas de trabalho doméstico (HONDAGNEU-SOTELO, 2001, p. 246, tradução nossa).

De fato, o emprego doméstico nos Estados Unidos e no Brasil experimentou um crescimento inesperado ao longo das últimas décadas. Atualmente, no Brasil, existem seis milhões de mulheres trabalhando como empregadas domésticas, o que representa 18% da população feminina ocupada no país e 10% do número total de postos de trabalho, sendo a maior categoria singular de trabalho existente (DIEESE, 2006, p. 13). O gráfico abaixo mostra como o tamanho relativo da força de trabalho feminina no emprego doméstico nos dois países foi diminuindo nos últimos 20 a 30 anos, justamente coincidindo com a época em que os dois países começaram a experimentar grandes mudanças políticas de cunho neoliberal e também movimentos migratórios importantes. Também pode ser observada uma nítida queda do emprego doméstico feminino nos EUA durante o período entre as duas guerras mundiais, tempo em que houve uma grande demanda de mulheres para a reposição dos homens soldados que tinham saído do país e deixado um vácuo no mercado de trabalho industrial. Depois de cada uma dessas duas quedas, observa-se facilmente no gráfico que há uma restabilização, seguida de outra nova queda. A queda entre os anos 1960 e 1990 nos EUA pode ser vista como resultado de várias forças históricas, incluindo o movimento de direitos civis em favor dos negros, que abriu novas oportunidades para negras fora do serviço doméstico; o movimento feminista e a entrada progressiva de mulheres em novas áreas da força de trabalho; a queda e a manutenção de uma taxa de desigualdade relativamente baixa entre os anos 1950 e 1980 (veja página 155); e também, provavelmente, pelo artefato estatístico, incapaz de contabilizar a crescente proporção de empregadas domésticas residentes ilegais no país, nem sempre registradas nos dados oficiais sobre a ocupação profissional.

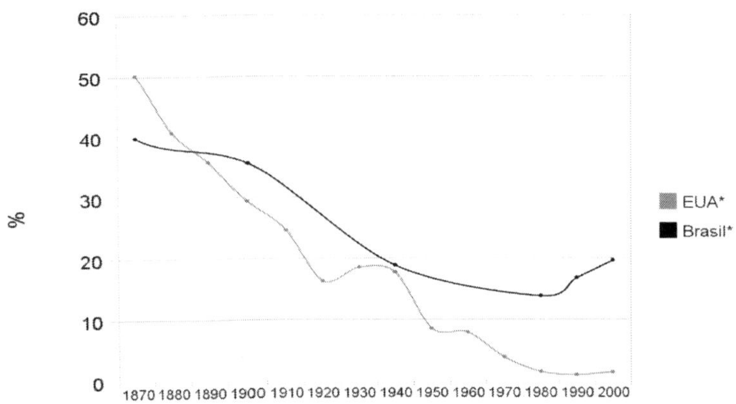

Gráfico 1: Porcentagem da força de trabalho feminina no emprego doméstico nos Estados Unidos e no Brasil.

*Os dados dos EUA se referem à porcentagem de mulheres na força de trabalho, incluídas na categoria de private household workers, definida pelo US Census

Bureau.[3] É provável que o número esteja consideravelmente subestimado desde 1980, já que vários grupos independentes estimam que o censo não atinge milhões de imigrantes ilegais, sendo que alguns deles estimam que mais de dez milhões desses imigrantes não foram registrados (KNICKERBOCKER, 2006). Os dados brasileiros são para "empregadas domésticas"[4] e vêm do Instituto Brasileiro de Geografia e Estatística (IBGE), tendo sido trabalhados e modificados por Pochmann (2003, p. 19).

Uma leitura cuidadosa do argumento de Coser, porém, mostra que, pelo menos no caso dos Estados Unidos, apesar do recente crescimento do número de pessoas empregadas no setor de *private household services* [serviços residenciais privados] – o novo nome dado pelo *Bureau* do Censo americano em 1980 para a categoria geral de empregados domésticos, que engloba as tradicionais *maids*, faxineiras, babás, jardineiros, cozinheiros e outros –, as mudanças para essa categoria abrangente não necessariamente indicam que o autor estivesse totalmente errado. O que as críticas a seus prognósticos talvez não tenham enxergado é a especificidade que Coser emprega à definição de *servant*, e o que exatamente o autor previa. Para dizer que o papel do *servant* é "obsoleto na sociedade moderna," Coser usa a linguagem de Parsons:

> ...[O papel do *servant*] está enraizado em um tipo de relação pré-moderna em que o particularismo prevalecia sobre o universalismo e o *status* atribuído [*ascription*] sobre o adquirido por mérito [*achievement*]... Enquanto o homem pós-medieval está tipi-

---

3 Dados dos Estados Unidos de 1870 – 1930 de Katzman (1981, p. 53) com base em dados do U.S. Census Bureau (1900; 1940); de 1940 – 1990 de MILKMAN et al. (1998, p. 491) com base em dados do U.S. Census Bureau; de 2000 de U.S. Census Bureau (2000).

4 Veja Anexo 1 para uma lista de autodescrições dos empregos específicos que fazem parte dessa categoria.

> camente enredado numa rede de afiliações de grupo e, portanto, sujeito ao empurra e puxa de muitos apelos ao compromisso, do *servant* tradicional, em situação muito parecida com a de uma criança em relação à sua família, é esperado um total comprometimento e lealdade a um empregador específico (COSER, 1973, p. 31, tradução nossa).

Porém, em sua conclusão, Coser especifica que sua previsão e reivindicação não estão necessariamente direcionadas a todo tipo de serviço doméstico remunerado, mas especificamente ao *servant*:

> No mundo moderno, dispositivos que poupam trabalho na casa, novos arranjos de marketing e outros avanços técnicos têm conduzido a um declínio na necessidade de *servants* na casa. Mas não eliminaram essa necessidade. Portanto, serviços domésticos avulsos, de meio período, podem, no futuro, tornarem-se uma nova profissão, e as tarefas tradicionalmente associadas aos *servants* poderão ser oferecidas de maneira específica por fornecedores de serviços para festas, profissionais que levam cachorros a passear, serviços de faxina etc. Porém, se isso acontecer, trabalhadores domésticos pouco parecerão com o *servant* tradicional. Aquele papel está morrendo. Famílias não vão mais poder devorar sofregamente as personalidades de seus serviçais (Ibid., p. 39, tradução nossa).

No contexto do presente estudo, que envolve mais de um país, não pode ser subestimada a importância dessa diferenciação entre os tipos variados do emprego doméstico; por isso, a próxima parte do texto tem como objeto a desagregação da categoria dentro dos (e entre os) dois países.

Vários empregos domésticos em uma só vida

Quase todo autor que aborda o assunto do emprego doméstico tem o cuidado de especificar exatamente de que tipo de emprego doméstico está tratando, desde o tradicional *servant* de Coser (1973), até a faxineira ou *housecleaner* profissionalizada de Ehrenreich (2001). Encontramos nesses trabalhos vários depoimentos de empregadas domésticas, no Brasil e nos Estados Unidos, distribuídos irregularmente no tempo e espaço, sempre refletindo trajetórias pessoais em que várias das categorias de emprego doméstico foram desempenhadas em uma só vida. No contexto brasileiro, Kofes oferece uma interpretação desse caráter variado da profissão:

> Sem negar a emergência de um modelo de relações mais contratuais, quero enfatizar a tese da coexistência de tempos históricos diferentes e também a não-dicotomia entre o tradicional e o moderno, entre paternalismo e relações afetivas *versus* a racionalidade das relações contratuais. Considero que a relação focalizada está sob o jogo simultâneo de dois modelos de relações: familiares e de trabalho. Nenhum impondo plenamente suas características, mas enfrentando-se (KOFES, 2001, p. 50-51).

É nesse jogo complexo, que ocorre ao longo da história, que se encontra a semente das diferenças entre o emprego doméstico nos Estados Unidos e no Brasil. Apesar de ser enganoso dizer que a previsão de Coser ocorreu plenamente nos Estados Unidos, pois ainda existem, em vários casos, trabalhadoras com responsabilidades amplas e horários de trabalho abusivos,[5] é no Brasil que seu

5 Veja Human Rights Watch (2001) ou Domestic Workers United and Data-Center (2006).

estudo pouco se aplica: sua caracterização do "*servant*" poderia ser facilmente aplicada em inúmeras situações nesse país.

De modo mais concreto, Hondagneu-Sotelo abre uma reflexão sobre essa encruzilhada para onde convergem situações de empregadas domésticas específicas e a história geral do emprego em casas de família:

> Para imigrantes latinas em Los Angeles hoje, trabalho doméstico com moradia na casa do empregador serve, de certa forma, como uma ponte ocupacional [*occupational bridge*], porém frequentemente o emprego só leva a empregada para outros tipos de emprego doméstico. Essas trajetórias combinam (*match*) com as transformações históricas da ocupação. Assim como empregos *live-in* [onde a empregada dorme na casa da família empregadora] eram antigamente a forma dominante de trabalho doméstico remunerado, sendo sucedidos por arranjos onde domésticas continuam a trabalhar diariamente para um empregador, porém morando com as próprias famílias, e finalmente passando para o modernizado "*job work*", ou faxina eventual, tantas imigrantes latinas hoje atravessaram esses três tipos de trabalho. Algumas seguem aproximadamente a ordem histórica, mudando de um trabalho de babá/faxineira *live-in* para um igual *live-out*, e daí para faxina, mas a mobilidade ocupacional modesta nem sempre segue um percurso tão linear (HONDAGNEU-SOTELO, 2001, p. 49).

Embora os dois autores tratem de dois países diferentes, é fácil perceber como a análise supracitada de Hondagneu-Sotelo e aquela de Kofes quase se repetem. Romero, autora pioneira sobre o trabalho doméstico nos Estados Unidos, também levanta a questão da mobilidade pelo emprego doméstico, porém sempre com um olhar aplicado e um pouco mais crítico, apontando para o fato dessa percepção sobre a potencial mobilidade social ser louvada pelos defensores do papel positivo do emprego doméstico na sociedade moderna:

> A ocupação tem sido descrita há muito tempo como uma posição de chegada para imigrantes que oferece mobilidade social, em particular para mulheres nascidas fora do país, e para os seus filhos, que podem chegar a empregos de *status* mais alto e com melhor remuneração. Estudos intergeracionais de mobilidade social entre imigrantes europeus levaram teóricos a chamarem o serviço doméstico de "*bridging occupation*" [*ponte ocupacional*].[6] Reformistas e um público escolar louvaram a experiência de trabalho que oferecia a mulheres rurais e tradicionais recém imigradas uma exposição ao mundo moderno em um ambiente protegido e supervisionado... oferecendo-lhes oportunidades para aprenderem valores e habilidades da classe média; o serviço doméstico preparou imigrantes para entrarem no mercado de trabalho formal. Como uma ocupação de transição para o setor formal, o serviço doméstico era não somente um jeito certo de modernizar essas mulheres tradicionais, rurais e "étnicas", mas também oferecia os meios para mobilidade social (Romero, 1992, p. 57).

Minha própria pesquisa etnográfica no Brasil indica que tal trajetória também está refletida nos caminhos da ocupação de domésticas brasileiras. Começando por essa fundamental noção de

6 A autora cita Stigler (1946) e McBride (1976).

ponte ocupacional, inicio aqui a tarefa de descrever as formas atuais do emprego doméstico no Brasil.

"Se Deus quiser": o emprego doméstico no Brasil

A despeito da distribuição das formas do emprego doméstico no Brasil ser hoje consideravelmente diferente daquela dos Estados Unidos, há aspectos fundamentais que são compartilhados, a saber a suposta possibilidade de transição das mulheres entre essas formas e, "se deus quiser",[7] a mudança de ocupação pela "ponte" metafórica discutida acima. Felizmente, no Brasil, há uma série de estudos macroquantitativos sobre o emprego doméstico recente no país que nos forneceram uma imagem razoavelmente clara da situação presente da empregada doméstica brasileira. Por esse motivo, e também porque é suposto que o leitor brasileiro já tenha um conhecimento básico sobre as relações cotidianas desse tipo de posição, darei ênfase aqui aos detalhes quantitativos disponíveis sobre a ocupação, facilitando a entrada de maneira mais direta a uma comparação entre os países.

Bruschini e Lombardi fizeram um retrato das empregadas domésticas, em paralelo ao trabalho de Hondagneu-Sotelo e Romero, usando dados censitários para constatar uma possível transformação no emprego doméstico:

> O emprego doméstico tem sido considerado a porta de entrada para o mercado de trabalho para muitas jovens, migrantes das zonas rurais, ou de regiões mais pobres do país, que procuram os centros ur-

7 Quando perguntei para várias empregadas domésticas se elas acharam que poderiam, algum dia, sair do emprego doméstico para outro campo, a resposta mais frequente não foi um simples "não", mas... "se Deus quiser".

> banos mais desenvolvidos, nos quais as famílias das camadas médias dispõem de recursos para remunerar esse tipo de ajuda nas tarefas domésticas. Para essas jovens, o emprego doméstico, principalmente quando associado à moradia e à alimentação, é uma estratégia de sobrevivência conveniente logo que chegam à cidade grande, mas, na medida do possível, é provisória. As que têm algum estudo logo procuram ir para outra atividade mais bem remunerada, ou de maior prestígio, ou na qual disponham de maior liberdade de horário e de moradia, especialmente quando se casam e constituem família. De fato, foi possível constatar em nossos dados que vem ocorrendo um relativo envelhecimento dessas trabalhadoras. Em 1997, mais da metade delas (53,7%) tem mais de 30 anos, o que representa uma inversão em relação aos anos anteriores, nos quais mais da metade era mais jovem, com menos de 30 anos (58% em 1991, 51,4% em 1995). Esse relativo envelhecimento da categoria pode estar sendo provocado pelo deslocamento das mais jovens, provavelmente mais escolarizadas, para outras ocupações. É preciso destacar, contudo, que o percentual das muito jovens, com menos de 20 anos, ainda é elevado em 1997 (20%), mesmo tendo diminuído no decorrer da década (BRUSCHINI; LOMBARDI, 2000, p. 75).

O fenômeno do envelhecimento da empregada doméstica também foi constatado na cidade de São Paulo em um recente relatório da Fundação Sistema Estadual de Análise de Dados (SEADE):

> Em relação ao perfil das domésticas, as informações confirmam a tendência de um aumento da proporção de mulheres adultas exercendo tais atividades:

> o maior contingente (39,7%) está na faixa etária de 25 a 39 anos, sem grandes diferenças entre negras e não-negras (21,6% e 18,1%, respectivamente).
>
> Seguem-se, em importância, os grupos de idade de 40 a 49 anos (28,5%) e de 50 a 59 anos (14,8%), o que permite afirmar que praticamente a metade das empregadas domésticas possui mais de 40 anos de idade. Coerentemente com a distribuição etária, as informações sobre a composição das domésticas por posição no domicílio mostra a predominância de cônjuges (48,4%) e de chefes de domicílio (28,3%), independentemente de sua raça/cor (SEADE, 2007, p. 3).

A SEADE interpreta esses dados importantes da seguinte forma:

> Tais informações sugerem que o emprego doméstico não tem sido uma opção relevante para as jovens se inserirem no mercado de trabalho. Seja porque as jovens têm maior nível de escolaridade e preferem buscar outras alternativas de emprego, com maiores chances de progresso profissional, seja por exigências dos empregadores, que preferem pessoas mais experientes, o fato a destacar é que o emprego doméstico tem absorvido de maneira crescente mulheres adultas e em faixas etárias mais elevadas, com maiores responsabilidades na condução de suas próprias famílias (Ibid., p. 4).

Essa mudança demográfica do emprego doméstico brasileiro, porém, não é necessariamente indicador de uma mudança no caráter das relações empregatícias. De fato, se vê, pelo menos nos dados sobre São Paulo, que, contra a suposta tendência de "modernização" do trabalho doméstico para uma segmentação mais acentuada e profissionalizada (COSER, 1973), a porcentagem de empregadas domésticas mensalistas é hoje maior de que era em 1989 (BRANDT, 2003, p. 201). Conforme dados da Pesquisa de Emprego e Desemprego (PED – SEADE/DIEESE), constata-se que na Região Metropolitana de São Paulo, em 1989, as mensalistas eram 68,2% do total, e, em 2001, tinham chegado a 78,8%. Em dados publicados pela mesma fundação, em 2007, observa-se a queda da taxa para 75,3% (SEADE, 2007, p. 5). Tendo em mente essa dupla evolução, para mensalistas e mais velhas, se vê que, além da falta de *modernização* da categoria no Brasil, também, apesar do que Bruschini e Lombardi falam sobre a "porta de entrada no mercado de trabalho" (2000), seria difícil afirmar que no Brasil de hoje o emprego doméstico sirva como a louvada *ponte ocupacional* descrita pelos autores estadunidenses acima citados.

A Tabela 1 mostra que em nível nacional há uma expressiva concentração na categoria das "empregadas domésticas não especializadas".

Ocupação	*Porcentagem*
Arrumadeiras	0,5
Babás	1,6
Cozinheiras	1,4
Faxineiras	7,2
Lavadeiras	4,0
Governantas/mordomos	0,2
Empregadas domésticas não especializadas	84,8
Outras ocupações do serviço doméstico	0,3

Tabela 1: Dissociação interna das empregadas domésticas no Brasil. Fontes: IBGE (1991) apud Bruschini e Lombardi (2000, p. 74).

Embora os dados censitários usados nessa tabela não se refiram diretamente às definições de "mensalista" e "diarista" usadas pela SEADE, os relatórios mais recentes (2006) do Departamento

Intersindical de Estatística e Estudos Socioeconômicos (DIEESE) nos oferece uma visão nacional (pelo menos das grandes capitais) do Brasil por meio dos dados da Pesquisa de Emprego e Desemprego (PED), que é administrada em São Paulo pela própria SEADE. O seguinte gráfico, tirado do relatório do DIEESE sobre o emprego doméstico demonstra o relativo "progresso" desse emprego em direção à modernização nas seis metrópoles brasileiras incluídas na PED. O gráfico também dissocia as mensalistas com carteiras de trabalho assinadas daquelas que não as têm. Mais à frente, no Gráfico 9, esses dados são comparados aos dados sobre desigualdades regionais para testar a hipótese de que a desigualdade bruta tem uma correlação direta com a presença e o caráter das relações de trabalho no emprego doméstico.

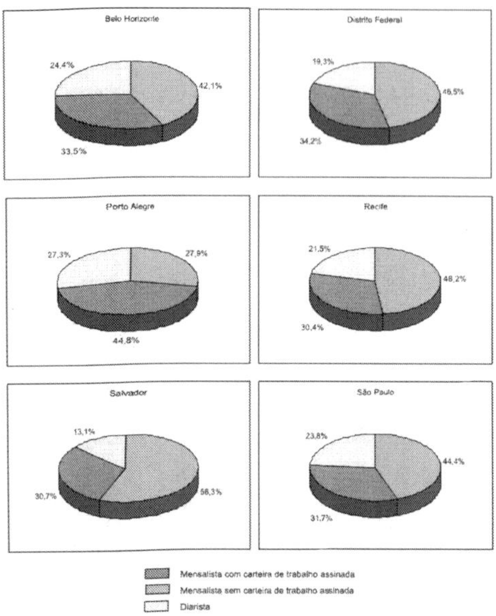

Gráfico 2: Distribuição das empregadas domésticas segundo as formas de contratação: Regiões metropolitanas e Distrito Federal – 2003-2004. Fonte: Departamento Intersindical de Estatística e Estudos Socioeconômicos (2006: 24), dados da Pesquisa de Emprego e Desemprego (PED, 2004).

O fato dos pesquisadores do DIEESE terem feito a opção de dissociar a categoria de mensalistas entre aquelas que têm e as que não têm as suas carteiras de trabalho assinadas acaba fornecendo resultados importantes quando essas subcategorias são escrutinadas. Em termos formais, a carteira assinada garante às empregadas acesso a direitos trabalhistas, e também possibilita que elas façam contribuições para a previdência social. De fato, 97% das mensalistas com carteira assinada contribuem, enquanto menos de 10% daquelas sem carteira assinada contribuem com o INSS (DIEESE, 2006, p. 29). Sob uma ótica negativa, o estudo demonstrou que aquelas empregadas domésticas com carteiras assinadas trabalharam jornadas consideravelmente maiores do que as permitidas por lei. Visto assim, os "direitos legais" da empregada registrada talvez não estejam sendo exercidos tanto quanto podiam (Ibid., p. 29). Ao mesmo tempo, o rendimento médio recebido por empregadas com carteira assinada foi geralmente de 25 a 30% maior do que o que receberam as empregadas sem carteira; e quando calculado o salário por hora, as com carteira também ganham mais (Ibid., p. 31-32). Entre as empregadas domésticas sem carteira assinada, nas cidades estudadas, há uma porcentagem de 5 a 7% que eram meninas entre 10 e 17 anos, uma forma de contratação claramente fora dos padrões legais.

Bruschini e Lombardi também dividem a categoria de mensalistas, mas o fazem de uma outra forma, também extremamente útil para o melhor entendimento das dinâmicas da categoria. Dividindo-se as mensalistas entre aquelas que moram nas suas próprias residências e aquelas que dormem no emprego – 18,3% do total das empregadas domésticas –, usando dados de 1991 do Censo Demográfico, temos:

> As empregadas domésticas residentes (conhecidas, entre nós, como "que dormem no emprego" e na

> América Latina hispânica como "cama adentro") são muito jovens, solteiras, a maioria é preta ou parda. Trabalham em domicílios formados por quatro ou mais pessoas, cujo chefe é do sexo masculino, e tem renda e escolaridade de nível médio. Não é difícil imaginar as razões dessas características: as empregadas que moram no emprego são as mais pobres, negras e migrantes, que não dispõem de outra moradia. São também aquelas – jovens e solteiras – que não formaram sua própria família e podem, por isso, se sujeitar às longas jornadas de trabalho e às restrições de sua liberdade de circulação. Os domicílios que as empregam, por sua vez, precisam de seus serviços porque têm vários moradores, e mais da metade deles são habitados por famílias em formação, nas quais provavelmente há crianças e adolescentes presentes (famílias cujos chefes têm de 30 a 49 anos), e a grande maioria tem nível de renda médio, podendo arcar com os custos de uma profissional como essa, tempo integral, em seu domicílio (BRUSCHINI; LOMBARDI, 2000, p. 72-73).

De fato, essa caracterização da empregada doméstica residente na casa dos empregadores se mostra condizente com a visão de tal ocupação como oferecendo certa mobilidade, com jovens domésticas morando na residência onde trabalham em início de percurso. Infelizmente, não foi possível, dentro do prazo dessa pesquisa, dissociar os dados sobre esse contingente a ponto de determinar se essas mulheres estão realmente evoluindo dessa situação de empregadas "que dormem no emprego" para "diaristas", que geralmente recebem mais dinheiro por hora trabalhada (BRANDT, 2003, p. 201); ou simplesmente se casando e continuando a trabalhar na mesma casa, com o mesmo salário, e até dormindo na casa do empregador durante a maior parte do tempo.[8] Dados do IBGE (2006), tirados da Pesquisa Mensal de Emprego (PME) – que levanta informações nas regiões metropolitanas de Recife, Salvador, Belo Horizonte, Rio de Janeiro, São Paulo e Porto Alegre –, mostram que essa taxa provavelmente tenha diminuído, sendo que na amostra coletada entre 2002 e 2006, a porcentagem de pessoas que tinham como única residência o domicílio de trabalho mudou de 6,4% para 3,4%. Infelizmente, essa metodologia não demonstra quantas dessas empregadas domésticas estão ainda residindo, na maior parte do tempo, nas casas dos empregadores, e só visitando suas próprias casas durante os fins de semana e feriados. Além disso, os dados do Censo Demográfico usados por Bruschini e Lombardi são construídos com metodologias diferentes daquelas usadas na construção dos dados da PME. Assim, com os dados disponíveis, é realmente difícil chegar a uma conclusão geral para muito além daquela que decorre dos indicadores de ambas as fontes; os relatórios dos Censos Demográficos de 1991 e de 2000 (IBGE, 1991; 2003) e a PME (IBGE, 2006) de 2002-2006 indicam que há uma diminuição

8 Vale notar aqui que, enquanto a maioria das empregadas domésticas são assim definidas como mensalistas, é provável que a maioria das contratações de empregadas domésticas seja na verdade de diaristas. Mesmo com um pouco mais de 20% das empregadas domésticas sendo diaristas entre as minhas entrevistadas, elas geralmente trabalhavam em 5 a 10 residências diferentes por mês. Assim calculado, é provável que, entre os empregadores, haja uma maioria, ou pelo menos uma equivalência no Brasil, entre os que empregam diaristas e os que empregam mensalistas. Infelizmente, dados oficiais sobre isso não são recolhidos, então é impossível ter números exatos sobre esse assunto. Porém, assim calculado, algo em torno de 10 a 15 milhões de domicílios brasileiros aproveitam de algum tipo de serviço de uma empregada doméstica, o que corresponde a cerca de um quarto dos 48 milhões de domicílios registrados no país pelo Censo de 2000 (IBGE, 2003: 73).

significativa no número de empregadas domésticas com a única residência sendo aquela do empregador nesse último período.[9]

Tendo em mente esse retrato breve do emprego doméstico no Brasil, procedemos a uma tentativa de adequar as categorias usadas nos estudos citados para entender a ocupação no Brasil e o que ocorre no outro lado do equador.

Formulando uma tipologia binacional do emprego doméstico

Enquanto as três principais divisões classificatórias usadas para o emprego doméstico brasileiro – diarista/mensalista; residente/não residente; com carteira de trabalho assinada/sem carteira – citadas por Bruschini e Lombardi (2000), SEADE (2007), DIEESE (2006), IBGE (2006) funcionam muito bem para pensar o emprego doméstico no Brasil, elas se mostram inadequadas na construção de um estudo comparativo com os Estados Unidos. Nessa seção, eu construo, então, uma tipologia das formas de emprego doméstico mais comuns nos dois países, unificando através de um olhar específico aquelas adaptadas ao Brasil com aquelas mais propícias

9 Depois de analisar os dados do Censo Demográfico de 2000 e a metodologia usada (IBGE, 2003, p. 73), percebi que, ou Bruschini e Lombardi (2000) fizeram ajustes aos dados de seu artigo, ou simplesmente usaram os dados para "empregados domésticos e seus parentes", o único tipo de dado que o Censo oferece, sem diferenciação de gênero, nem das empregadas nem dos seus parentes, em vez de usarem os dados para empregadas domésticas residentes nas casas dos empregadores. No final, não consegui replicar os cálculos feitos por eles e, por esse motivo, desisti de tentar comparar dados do Censo de 1991 com os dados de 2000, visto o trabalho considerável que envolveria um exercício desses, além de minha falta de formação técnica em métodos quantitativos e também uma dúvida persistente sobre a possibilidade de alcançar um resultado conclusivo do contexto dos dados disponíveis.

aos Estados Unidos, gerando categorias de contratação que ajudem a discutir mais sistematicamente as preferências e práticas dos empregadores nos dois países. Infelizmente, os dados censitários americanos são extremamente difíceis de serem usados de forma conclusiva. Primeiro, uma proporção enorme das empregadas domésticas nos Estados Unidos são migrantes ilegais, de modo que se torna difícil tomar os dados como reflexo da realidade dos números de pessoas no emprego. A ONG *Domestic Workers United*, em conjunto com o *think tank* DataCenter, fizeram uma ampla pesquisa em Nova Iorque ao longo dos anos 2003 e 2004, quando recolheram dados sobre 547 empregadas domésticas dessa cidade: 76% delas não eram cidadãs estadunidenses (DOMESTIC WORKERS UNITED; DATACENTER, 2006, p. 10). Romero constata que a maioria das mulheres que entraram na ocupação nos anos 1990 eram latinas, com uma parte expressiva também de caribenhas (ROMERO, 1992, p. 101). Enquanto o Censo estadunidense de 2000 estima a população de empregados domésticos em 884 mil, é provável que hoje o número correto já tenha ultrapassado de longe um milhão de trabalhadoras.

Além do simples número de empregadas domésticas nos EUA ser suspeito, as subcategorias que o Censo registra são, nas palavras de Milkman, "arcaicas, mais adequadas a uma análise do emprego doméstico há um século atrás" (MILKMAN et al., 1998, p. 504). Mesmo assim, apresento aqui tais dados para, pelo menos, mostrar em que bases comecei a elaborar minha própria tipologia.

Ocupação	*Total de Mulheres*	*% Negra*	*% Hispânica*	*% Nascidas fora do País*
Lavadeiras e passadeiras	1.634	16,0	15,0	11,8
Cozinheiras	8.088	30,2	13,8	25,4

Arrumadeiras e mordomos	30.780	33,6	32,5	41,6
Babás	144.422	9,8	13,6	18,4
Faxineiros e *servants*	312.884	32,8	26,6	31,2
Total	497.808	26,1	23,0	27,9

Tabela 2: Empregadas domésticas nos Estados Unidos, em 1990, por ocupação detalhada por raça, origem e lugar de nascimento. Fonte: U.S. Census (1990) apud Milkman (1998, p. 495)

Os problemas com essas categorias são vários. Primeiro, as três categorias iniciais quase não existem mais como ocupações específicas, e as tarefas associadas a elas fazem parte de outras categorias mais novas. Também, não há nenhuma diferenciação entre mensalistas e diaristas nessa tipologia, nem entre residentes e não residentes - ambas as diferenciações não são apenas fundamentais para um entendimento do emprego doméstico atual nos Estados Unidos, como também para uma comparação entre a situação desse país e o Brasil. Além disso, embora os dados sobre raça e origem étnica, ou lugar de nascimento fossem interessantes, esses não podem ser tratados como representativos da realidade, sendo que as migrantes sem documentos, que formam uma grande parte da categoria, não fazem parte da amostra. Tudo isso posto, a tipologia serviu como ponto de partida para repensar as divisões internas da categoria.

Ao longo da revisão da literatura relativa aos Estados Unidos, percebi várias tentativas de delimitar certas subcategorias do emprego doméstico com finalidades de tratá-las separadamente ou de excluir algumas de um estudo específico. Hondagneu-Sotelo, no seu livro sobre Los Angeles, divide os tipos de empregada doméstica em três grupos: *live-in nanny/housekeepers* (babás/faxineiras morando na casa do empregador), *live-out nanny/housekeepers* (babás/faxineiras morando fora da casa do empregador) e *housecleaners* (faxineiras semanais) (HONDAGNEU-SOTELO, 2001, p. XVII). A autora aponta que são tão poucos os casos de *nannies* sem nenhuma obrigação com a faxina, que só poderia tratar os dois cargos como um só. Ehrenreich (2001; 2003) trata por meio de um estudo etnográfico o grupo que menos interessa a Hondagneu-Sotelo – as faxineiras dos *professional cleaning services* [serviços de faxina profissionais de empresas que mandam grupos de faxineiros trabalharem juntos e limpar uma casa inteira em apenas algumas horas], um grupo que parece ser quase inexistente no Brasil. Também há um outro grupo importante e frequentemente deixado de fora dos livros estadunidenses sobre o assunto: as *au pairs*, mulheres jovens que vêm de outros países com um visto temporário especial (J-1) que as permite trabalhar no país durante um período de apenas um ano. Outro grupo importante é o das empregadas domésticas que cuidam especificamente de idosos, as *home care providers*; apesar de não considerar essa categoria em detalhes, por motivos sobretudo práticos, incluo-a em minha tipologia formal, pois ocupa um importante lugar de divisão entre os outros tipos.

Depois de várias tentativas de (re)conceitualizar essas categorias de maneira que funcionassem não só para as empregadas domésticas americanas, mas também para as brasileiras, cheguei a fazer um mapeamento conceitual, na forma de um diagrama de Venn. O diagrama delineia os diferentes tipos de contratações nos dois países, mostrando quais tipos são compartilhados pelos dois e quais são mais especificamente característicos em um ou outro.

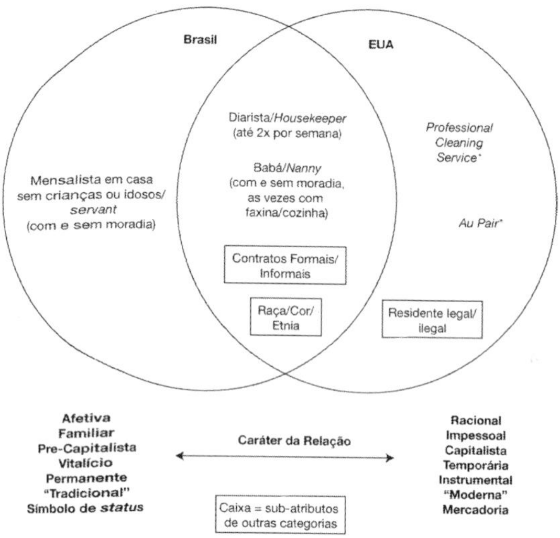

Figura 3: Diagrama de Venn de formas comuns de contratação de empregadas domésticas no Brasil e nos EUA.

*Professional Cleaning Services [serviços de faxina profissionais], discutidos na página 56, são empresas que mandam grupos de faxineiras (geralmente mulheres, mas também homens) para residências a fim de trabalharem juntos, limpando uma casa inteira em algumas horas. Au Pairs [trabalhadoras 'como' a dona da casa], discutidas na página 84, são jovens mulheres estrangeiras contratadas e trazidas temporariamente para trabalhar em casa de família.

Nesse diagrama, é possível visualizar as bases do argumento central que comecei a construir no início deste capítulo, com as citações de Coser sobre a evolução do emprego doméstico e a obsolescência do papel do *servant*[10], e de Kofes sobre a dicotomia forte entre as relações não mutuamente exclusivas do racional e do tradicional.[11] Embora o emprego doméstico seja diverso e dinâmico nos dois países, há uma lógica clara que separa a estrutura dessa ocupação pro-

10 Veja página 40.

11 Veja página 44.

fissional nos Estados Unidos daquela no Brasil, mesmo que exista uma ampla superposição ligando os dois países. É importante notar aqui que não estou de forma nenhuma advogando pela aceleração do processo de passagem do lado esquerdo para o lado direito do diagrama; como irei argumentar na conclusão, acredito ser possível, e até comum, encontrar condições de trabalho mais "racionais" que acabem oferecendo à trabalhadora uma vida mais precária e menos desejável em vários sentidos do que a relação mais "tradicional" ou "afetiva".[12] Porém, isso não quer dizer que essa divisão entre variedades do emprego doméstico ao longo do sistema classificatório linear, e necessariamente imperfeito, não tenha uso. De fato, tenho visto nos discursos de empregadores, nos dois países, o poder da narrativa que propõe uma mudança para as relações mais "racionais", especialmente nos Estados Unidos, bem como também ocorreu em algumas situações no Brasil. É por esse motivo que diante de minha tentativa de explicar mais detalhadamente as formas de emprego doméstico atuais nos Estados Unidos e no Brasil, no próximo capítulo, eu evito construir tanto uma rígida separação entre as práticas nos dois países quanto uma separação entre dois "tipos ideais" weberianos que correspondem ao gráfico acima. Por meio desse exercício analítico que transborda as fronteiras nacionais dos países estudados, procuro possibilitar para o leitor um entendimento crítico-teórico que tenha relevância nos dois contextos específicos geográficos e temporais, e para além deles.

---

12 Sobre esse assunto, veja Brites (2003).

PENETRANDO O MUNDO DO EMPREGO DOMÉSTICO: NOS EUA E NO BRASIL

Neste capítulo, levarei a discussão sobre as diferenças entre as relações envolvidas no emprego doméstico nos Estados Unidos e no Brasil da esfera quantitativa abordada acima para o universo dos detalhes internos dos principais tipos de emprego doméstico citados na Figura 3. O tratamento dado a cada tipo de emprego doméstico é assim necessariamente parcial, porém com o auxílio das várias fontes etnográficas já disponíveis e também das pesquisas originais sobre o assunto, almejo oferecer ao leitor uma aproximação mais íntima e, ao mesmo tempo, ampla com o tema, a partir da dissociação descritiva do emprego nos dois países.

Partindo de uma reflexão sobre as estruturas físicas diferentes dos lares das classes média e alta nos dois países, proponho mostrar como as desigualdades sociais dos dois contextos estão escritas de maneira indelével nas histórias das formas dos arranjos arquitetônicos desses lares. Nos dois subcapítulos seguintes, ofereço caracterizações da contratação de mensalistas nos dois países, mostrando uma dicotomia visível em termos das práticas e preferências dos empregadores estadunidenses e brasileiros. Incluo também um tratamento especial à figura da *au pair*, uma espécie de mensalista que não existe no Brasil, mas que tem um papel importante, embora pequeno, no mercado de emprego doméstico nos Estados Unidos, e que também reflete muito sobre a psique do empregador estadunidense, caracteristicamente incômodo com a desigualdade "íntima", parecendo buscar uma justificativa para a existência desse emprego dentro da lógica de um capitalismo moderno e igualitário. Depois, eu considero de forma mais unificada a contratação de empregadas domésticas diaristas nos dois países, tentando elucidar porque tal forma de emprego doméstico é tão mais comum nos Estados Unidos do que no Brasil, e o que a distingue, em termos materiais, da contratação da mensalista, além da simples redução em intensidade do serviço em cada casa de cliente. Finalmente, trato de mais um tipo de emprego doméstico que quase não se encontra no Brasil, mas que tem crescido de forma expressiva nos Estados Unidos nas últimas duas décadas: o *professional cleaning service*.

Embora esse esforço descritivo sofra em termos etnográficos por sua abrangência, ao longo de minha pesquisa, ficou evidente que uma tentativa de diminuir o foco do estudo para só um dos tais tipos de emprego doméstico teria imposto uma miopia artificial e prejudicado o leitor assim como o objetivo do estudo, no sentido de se constituir como um trabalho comparativo coerente e honesto. Este capítulo serve assim como uma ponte entre as diferenças *estruturais* da ocupação, discutidas no capítulo anterior, e as diferenças comportamentais entre os empregadores nos dois países, que, vale notar, tendem a transitar entre contratações de empregadas domésticas diversas ao longo do percurso de suas vidas.

Ao longo do processo desta pesquisa, ficou cada vez mais evidente que os tipos ideais weberianos, clássicos, apesar de terem sido construídos há mais de um século, oferecem para o sociólogo um possível andaime teórico para explicar, em termos gerais, as principais diferenças entre as preferências dos empregadores brasileiros e americanos no geral. Afinal, na obra principal de Weber, *A Ética Protestante e o "Espírito" do Capitalismo*, ele definiu como instigador fundamental do capitalismo moderno a atitude de racionalismo, baseada no protestantismo e exemplificada por Benjamin

Franklin, Calvinista, inventor prolífico, e grande contribuinte à formação da cultura e da nação dos Estados Unidos. Observa-se, na caracterização de Weber sobre o empresário capitalista, o mesmo fenômeno que vi em incontáveis famílias estadunidenses que empregaram empregadas domésticas de vários tipos:

> O "tipo ideal" do empresário capitalista, tal como representado entre nós alemães haja vista alguns exemplos eminentes, não tem nenhum parentesco com esses ricaços de aparência mais óbvia ou refinada, tanto faz. Ele se esquiva à ostentação e à despesa inútil, bem como ao gozo consciente do seu poder, e sente-se antes incomodado com os sinais externos da deferência social de que desfruta. Sua conduta de vida, noutras palavras, comporta quase sempre certo lance ascético, tal como veio à luz com clareza no citado "sermão" de Franklin... (WEBER, 2004, p. 62).

O sermão de Franklin ao qual Weber se refere é a famosa carta para um jovem comerciante, explicando como enriquecer por meio da gestão cuidadosa e racional do dinheiro. "Lembra-te que *tempo é dinheiro*", Franklin avisa, também anotando que "*crédito é dinheiro*", e que "o dinheiro é *procriador por natureza e fértil*" (WEBER, 2004, p. 42-43, grifos do original). Embora essas atitudes sejam muito mais caricaturais do que uma regra, elas apontam para certo fenômeno visível nas entrelinhas dos comportamentos do empregador estadunidense descritos neste capítulo. Esse empregador prefere formas de emprego doméstico que possibilitem a crença de que a empregada esteja participando de uma profissão que vai oferecer-lhe uma certa mobilidade, análoga àquela que ele (ou os antecedentes dele) talvez já tenha experimentado, e que a traga à mesma posição econômica confortável que lhe permite a contratação de uma empregada doméstica. Quando o empregador estadunidense percebe que as condições da ocupação não estão oferecendo acesso aos louvados frutos do *American Dream*, em muitos casos, ele se sente culpado e evita participar de tal relação, ou escolhe ofuscar essa relação pelo uso de um empregador intermediário, como no caso dos *professional cleaning services*. Weber descreve com mais detalhe o significado do conceito de racionalismo, e como esse se relaciona à ideia da vocação:

> O "racionalismo" é um conceito histórico que encerra um mundo de contradições, e teremos ocasião de investigar de que espírito nasceu essa forma concreta de pensamento e de vida "racionais" da qual resultaram a idéia de "vocação profissional" e aquela dedicação de si ao *trabalho* profissional – tão irracional, como vimos, do ponto de vista dos interesses pessoais puramente eudemonistas –, que foi e continua a ser um dos elementos mais característicos de nossa cultura capitalista (Weber, 2004, p. 69).

Quando apresentado assim ao pensamento Weberiano, o leitor percebe que, como destaquei acima, meu objetivo nessa diferenciação entre os comportamentos de empregadores nos Estados Unidos e no Brasil a partir desses "tipos ideais" não possui julgamento de valor embutido, como se um ou outro fosse eticamente superior. A "racionalidade" do empregador estadunidense, visto nos comportamentos descritos neste capítulo, não necessariamente fornece à empregada doméstica estadunidense uma vida melhor, porém de modo mais consistente serve para amenizar a consciência de um empregador que quer entender o seu papel na vida da empregada, não como um explorador, mas como participante de um processo racional e transparente de ascendência social, ao qual todos os estadunidenses teoricamente teriam acesso em sua sociedade ideal meritocrática.

Esse mesmo tipo de comportamento também pode ser entendido pela ótica da *solidariedade de classes*, um conceito desenvolvido por Bourdieu para descrever a reticência de novos ricos a realmente transformarem seus comportamentos cotidianos, sendo "solidários" a comportamentos e crenças apreendidas na sua classe de origem, e profundamente arraigadas em sua identidade (veja página 84).

Outra lente teórica que nos auxilia de forma paralela, mas distinta, é o conceito marxiano do *fetichismo da mercadoria*. Embora o empregador estadunidense geralmente desfrute de uma vida em que não é preciso encontrar diretamente com as pessoas que produzem os bens materiais que possibilitam sua vida de plenitude material, como, por exemplo, os costureiros, que em outros países manufaturam suas roupas, ou os operários que produzem seus veículos e eletrodomésticos, ou ainda os lavradores e trabalhadores agrícolas que produzem a sua comida, o caso do emprego doméstico apresenta um desafio direto ao fetichismo das mercadorias, que divorcia na mente do empregador os seus itens de consumo dos seus processos de produção. Marx escreve:

> À primeira vista, uma mercadoria parece uma coisa trivial, e que se compreende por si mesma. Pela nossa análise, mostramos que, pelo contrário, é uma coisa muito complexa, cheia de sutilezas metafísicas e de argúcias teológicas. Enquanto valor-de-uso, nada de misterioso existe nela, quer esta satisfaça pelas suas propriedades as necessidades do homem, quer as suas propriedades sejam produto do trabalho humano. É evidente que a atividade do homem transforma as matérias que a natureza fornece de modo a torná-las úteis. Por exemplo, a forma da madeira é alterada, ao

> fazer-se dela uma mesa. Contudo, a mesa continua a ser madeira, uma coisa vulgar, material. Mas a partir do momento em que surge como mercadoria, as coisas mudam completamente de figura: transformam-se numa coisa a um tempo palpável e impalpável. (....) Com efeito, em primeiro lugar, por mais variados que sejam os trabalhos úteis ou as atividades produtivas, é uma verdade fisiológica que eles sejam, antes de tudo, funções do organismo humano, e que toda a função semelhante, quaisquer que sejam o seu conteúdo e a sua forma, é essencialmente um dispêndio de cérebro, de nervos, de músculos, de órgãos, de sentidos etc., do homem (Marx, 1974).

Quando o trabalho doméstico dentro de uma casa entra na economia de mercado por meio da compra dos serviços de uma empregada doméstica, as relações sociais escondidas atrás dos objetos de consumo já presentes na casa do empregador tomam forma concreta no corpo da empregada. Embora o empregador brasileiro pareça não ter muitos problemas em sujeitar a empregada doméstica diretamente a condições de vida que ele obviamente não aceitaria para si (o quarto de empregada minúsculo, seis dias de trabalho por semana, um salário impensavelmente baixo para qualquer familiar ou amigo), o empregador estadunidense inventa várias formas de construir a relação empregatícia de forma mais distante. Esse fenômeno se vê na preferência por empregadas domésticas diaristas nos Estados Unidos, e na contratação das formas específicas da *au pair*, e ainda mais, na *professional cleaning service* (veja páginas 84 e 121).

Ao mesmo tempo, é importante dar reconhecimento aos movimentos sociais nos Estados Unidos, muito mais recentes do que os escritos de Marx e Weber, que, embora possam ser vistos do ponto de vista do empregador como fazendo parte de uma visão de mundo capitalista que procura racionalizar a vida social, têm tido um papel importantíssimo na melhoria real da qualidade de vida de muitos estadunidenses. Mesmo que claramente incompletos em termos de terem atingido seus objetivos originais, os movimentos feministas e de direitos civis nos Estados Unidos, desde os anos 1960, e também o movimento trabalhista desde o início de século XX, serviram para realmente alterar as consciências de muitos estadunidenses privilegiados, entre os quais estão muitos dos empregadores atuais. De fato, entre os empregadores estadunidenses que fizeram faculdade durante os anos 1960 e 1970, e que representam proporção expressiva dos empregadores atuais, são poucos os que não foram influenciados, pelo menos superficialmente, por esses movimentos sociais e pela conscientização geral que eles levaram para o público.

Se essas forças culturais – o racionalismo do capitalismo moderno weberiano, a solidariedade de classe de Bourdieu e o fetichismo das mercadorias de Marx – podem ser vistas como elementos chaves da cultura de servidão estadunidense à luz da comparação com o Brasil, cabe em seguida perguntar quais elementos culturais centrais explicam (ou são explicados pelo) o comportamento do empregador brasileiro diante da empregada doméstica.

A tipologia weberiana de formas de ação social fornece uma ótica útil, porém não totalmente satisfatória para categorizar as diferenças de comportamento encontradas entre, e dentro, das duas sociedades. Uma década depois da Ética Protestante, Weber ampliou o alcance de suas teorias e escreveu seu *magnum opus*, *Economia e Sociedade*. Nessa obra, ele delimita quatro tipos ideais de ação social: a ação racional instrumental (*zweckrational*), a ação racional de valores (*wertrational*), a ação afetiva e a ação tradicional (WEBER, 1978, p. 24-25). Enquanto é razoavelmente claro que há uma forte tendência entre os empregadores estadunidenses de prosseguirem a ação racional de valor na contratação e no tratamento de suas empregadas domésticas, já entre os empregadores brasileiros parece não ficar tão claro onde se encaixariam. As relações íntimas que muitos brasileiros têm com suas empregadas domésticas – àquelas que consideram as empregadas como sendo "parte da família" – caberiam facilmente no campo de comportamentos afetivos. Porém, ao mesmo tempo, os tratamentos dessas mesmas empregadas, que sistematicamente os empregadores exploram – exigindo jornadas de trabalho muito além do que eles esperam de seus iguais, negando a elas férias devidas, pagando salários baixíssimos, hospedando-as em quartos fora dos padrões legais para habitação humana, e sujeitando-as em muitos casos a assédios sexuais –, não podem ser vistos como resultados de uma relação afetiva positiva com tal empregada. Esse tipo de comportamento abusivo e exploratório bem como a ação coletiva que nega às empregadas nas duas sociedades os mesmos direitos legais que desfrutam trabalhadores de outros tipos (veja página 150) podem ser vistos como produtos de ações de uma racionalidade instrumental (explorando-as deliberadamente com a finalidade de maximizar o proveito e, às vezes, fazendo isso por meio de comportamentos afetivos, em certos casos manipuladores, e em outros à beira do subconsciente) ou como parte de uma longa tradição de exploração de pessoas distintas dos antecedentes das famílias empregadoras por raça, classe, gênero e status legal (de não cidadão, escravo, ou os dois), sendo assim classificado no sistema weberiano como um comportamento simplesmente "tradicional". Levando em consideração que o próprio Weber enfatiza no seu texto que existem sobreposições variadas dessas categorias, e que não são feitas para classificar nitidamente toda ação humana, necessariamente terei que proceder assim, voltando às descrições dos empregadores de cada sociedade como tendendo a certas dessas classificações, porém de forma nenhuma sendo relegadas estritamente a uma ou a outra.

É com essa apresentação que entro na árdua tarefa, ao mesmo tempo fascinante, de dissecar os comportamentos de empregadores nos dois países. Como foi explicado na introdução, enquanto uso detalhes etnográficos de fontes secundárias pertencentes a várias regiões dos dois países, o foco geográfico dentro de meu estudo é a Califórnia, nos Estados Unidos (cidades de São Francisco e Los Angeles), e São Paulo (especificamente a capital), no Brasil. Também tiro referências importantes de Nova Iorque, Washington e Rio de Janeiro para complementar as informações disponíveis da minha pesquisa de outras fontes.

Uma arqueologia do presente: em busca do quarto de empregada

Considerando que os dados censitários brasileiros não oferecem um retrato tão claro quanto gostaríamos de ter, e os dados americanos são ainda piores, resolvi dirigir minha pesquisa em modos menos quantitativos, mas em termos etnográficos, com resultados muito mais interessantes sobre a situação da "mensalista residente". Embora durante minha procura por um apartamento de dois quartos no bairro de Pinheiros em São Paulo (veja página 10), eu tenha encontrado quartos de empregada em quase todos os mais de 20 prédios visitados, há evidências de que mais recentemente as preferências estejam mudando. Entre as plantas de seis novos prédios em construção na mesma região, mesmo sendo esses de três ou quatro dormitórios, nenhum dispunha de quarto de empregada. Ao mesmo tempo, plantas de prédios mais luxuosos e maiores, do tipo que vêm sendo construído nos bairros de Morumbi e Chácara Flora, incluem um ou até dois quartos de empregada.

Destaco aqui a descrição e a planta de um dos tais apartamentos novos de Chácara Flora:

> Apartamento: 4 dormitórios, com 308m² de área privativa para a planta tipo, 510m² para as Coberturas Dúplex e 529m² para as Maison, sendo 4 suítes (a suíte máster com closet e terraço), sala de estar, sala de jantar, sala de almoço, terraço amplo, cozinha, dispensa, ou 2º quarto de empregada, rouparia e lavanderia com quarto e banheiro de empregada. As unidades Maison dispõem, no pavimento inferior, de um home theather, sala de jogos, fitness, sauna, ducha, copa, dois lavabos e terraço coberto.
>
> Projeto: Com o conceito consagrado de um sucesso de vendas, a 2ª edição do Les Jardins traz para a Chácara Flora um projeto sofisticado assinado por Itamar Berezin, fruto da parceria entre Tecnisa e Cyrela. Num terreno com quase 20mil m², 4 sofisticadas torres em estilo clássico, com apenas 8 andares, oferecem a elegância necessária a seus moradores. No térreo, opções de lazer para todas as idades e um projeto de paisagismo do renomado Benedito Abbud (TECNISA, 2007).

Um texto colorido apresenta palavras importadas do francês e inglês ("duplex", "maison", "home theater", "fitness", "Les Jardins"). Mas quem sabe os moradores de tal apartamento não levassem um susto ao saber que são tão raros quartos de empregada em apartamentos modernos nos Estados Unidos e na França,[1] e que eles existem hoje quase apenas como vestígios de tempos passados.

1 Anderson (2000) escreve que na França há menos empregadas domésticas residentes em casas de empregadores do que em outras partes da Europa, além de ser uma ocupação altamente regulamentada pelos esforços sindicalistas no início do século XX; e que a maioria das empregadas domésticas

Figura 4: Planta de apartamento novo com dois quartos de empregada, à venda no bairro de Chácara Flora, São Paulo. Preço: R$ 821.440,00 (outubro 2007).

Esse exemplo de planta de um apartamento novo com quarto(s) de empregada representa um entre vários, porém os bairros em que esses prédios novos foram encontrados geralmente são mais distantes das partes mais densas da cidade, como Pinheiros, onde o metro quadrado é mais caro.

No mercado imobiliário de Nova Iorque, ainda se encontram apartamentos com quartos de empregada vestigiais, anexos à cozi-

que reside em casas de empregadores está cuidando de idosos. O processo de modernização da ocupação é descrito com mais detalhe por McBride (1976).

nha. Porém são raros e são encontrados apenas em prédios com 50 anos ou mais. Também são pouco usados, sendo frequentemente demolidos para a expansão das cozinhas. O *New York Times* relatou, em artigo, o ressurgimento, nos anos 1990, de empregadas domésticas residentes que exigem espaços maiores e com maior privacidade:

> "Antigamente, as empregadas domésticas [*maids*] estavam acostumadas à [*were into*] servidão", disse Dolly Lenz, a corretora mais bem-sucedida de Sotheby's International Realty [uma corretora de elite de Nova Iorque], "e seus empregadores as queriam debaixo dos pés; elas faziam qualquer coisinha que você quisesse. Agora você está trabalhando com funcionários especializados e bem remunerados que querem privacidade; eles, com certeza, não estão felizes com um pequeno quarto nos fundos, ao lado da cozinha."
>
> De fato, vários corretores *top* disseram que, usando os quartos de empregada dos apartamentos do pré-guerra, talvez não fosse mesmo possível acomodá-los – e pode ser visto com desagrado – por uma variedade de motivos (ROZHON, 1995, p. 1, tradução nossa).

Entre todos os motivos para não se usar o quarto de empregada, é difícil apontar exatamente qual seja o predominante. Que uma migrante recém-chegada nos Estados Unidos aceitasse uma vida dessas, eu acho possível, embora não seja fácil de achar, sobretudo se a família preferir uma empregada que fale inglês, o que seria ainda mais difícil. O que é certo, porém, é que parece existir, mesmo dentro da elite de Nova Iorque, São Francisco e outras cidades, uma barreira cultural forte contra essa prática:

> ...muitas pessoas, embora queiram *live-in help*,[2] se sentem culpadas sobre a possibilidade de hospedá-las atrás da cozinha. "É percebido como desumano", disse um empregador. "Nos anos 1990, ter a empregada doméstica morando ao lado da cozinha é como arranhar as unhas num quadro-negro", disse Christopher Thomas, diretor de dois escritórios em Brooklyn da William B. May [outra imobiliária de alto-padrão em Nova Iorque] (Ibid., p. 1).

Até meados dos anos 1950, em várias grandes cidades americanas, alguns prédios foram construídos com um ou até dois andares reservados para pequenos quartos ou apartamentos básicos para empregadas domésticas. Porém, mesmo esses quartos são pouco usados para essa finalidade nos dias de hoje. Uma das minhas entrevistadas mora em um desses prédios em São Francisco e me disse que esses quartos pequenos são mais usados como dispensas.

O mesmo artigo do *New York Times* relata a história de uma bancária sul-americana (não fala de que país) de 33 anos que tentou usar tal quarto sobressalente que acompanhava o apartamento luxuoso que ela comprou no Park Avenue.

> Ela ficou encantada quando descobriu que o prédio de Park Avenue tinha um quarto desses alocado para seu apartamento, porém ficou surpresa quando o Conselho do prédio impediu-a de usá-lo para sua

2 Essa prática de chamar empregadas domésticas simplesmente de "*help*" [ajuda] é também indicativa da timidez com que o estadunidense contrata uma empregada, não querendo usar um termo mais antiquado como *maid* ou *servant*, e também enfatizando o fato de que a empregada não é fundamental ao funcionamento da unidade familiar, mas simplesmente um apoio auxiliar menos formal.

> finalidade original. "Usavam-nos para armazenagem e escritórios", disse ela. No final, ela convenceu o Conselho a deixar que renovasse o espaço maltrapilho para fazer um quarto de empregada, "porém só fizeram como uma concessão, com a condição de não divulgar o fato quando quisesse vendê-lo." (Ibid., p. 1).

Nesse pequeno choque de cultura entre uma sul-americana e o Conselho de um prédio em Nova Iorque, vê-se concretizada essa grande diferença entre as culturas de serviço nas principais metrópoles dos dois países. Mesmo em um prédio, que dispunha de um quarto de empregada designado para tal uso, o ponto de vista oficial de seus administradores era de que tal prática de tão antiquada passou a ser uma possível vergonha e prejuízo para todo o prédio. Depois de resolver o conflito, a bancária disse para o jornal que "O Conselho disse que era a tendência não usar esses quartos para *help*, mas eu sinto que é justamente o contrário; a demanda para esses quartos é alta". Ela, porém, disse ter visto uns 160 apartamentos em Nova Iorque antes de, no final, chegar a essa solução.

Ao mesmo tempo, foi possível encontrar um agente imobiliário que abraçou essa suposta tendência:

> "Não há o sentimento de que a *staff* [corpo de funcionários] seja membro da família", disse Jack Heller, o agente imobiliário de um prédio luxuoso na 1049 Fifth Avenue, onde um hotel dos anos 1920 foi reconstruído na esquina com 86° Street, com dezoito quartos de *staff* de 200 pés quadrados (19 metros quadrados) reformados no terceiro andar. "Eu cresci com *live-in help* e tivemos a mesma *housekeeper* e o mesmo cozinheiro desde que eu nasci até que fui para a faculdade. Mas hoje há muito mais rotatividade de empregados (Ibid., p. 1).

Vale notar de novo (veja nota de rodapé 41) a escolha de palavras específicas usadas para os quartos e os seus empregados residentes potenciais. Um eufemismo estratégico para evitar o uso da palavra *maid* ou *servant*, *staff* reflete o suposto profissionalismo consagrado na empregada que tenha quarto separado. Porém, não é puro eufemismo; como o outro entrevistado disse acima, muitas dessas empregadas domésticas talvez sejam profissionais, ou como especialistas em educação de crianças, ou como enfermeiras cuidando de moradores idosos.

A despeito desse exemplo, na minha ampla pesquisa pelos anúncios classificados e também nos sites de imobiliárias de Nova Iorque, São Francisco e Los Angeles – inclusive aqueles que oferecem apartamentos à venda por preços obviamente só acessíveis a uma elite extremamente pequena, com preços variando de 2 ou 3 milhões a 20 milhões de dólares –, em todas as descrições de apartamentos, novos e velhos, nenhum faz menção nem a quartos separados, nem aos velhos quartos de empregada dentro dos apartamentos, anexos às cozinhas. Também pesquisei em vários sites de lançamentos de novos prédios de alto luxo. E mesmo nesses não consegui localizar nenhum com quarto de empregada. Podia explicar isso parcialmente pela tendência de estadunidenses ricos não terem, em geral, tanta preferência por apartamentos quanto por casas, porém a ausência *quase total* de quartos de empregada nas principais metrópoles do país mostra uma definitiva preferência, não contra o emprego doméstico, mas por uma espécie de emprego doméstico *estruturalmente* e também – como foi sugerido pelo agente imobiliário acima – *emocionalmente* diferente do que é preferido pelo brasileiro.

Quando perguntei a Iara, colega da USP, saída da classe alta, e que foi criada por uma empregada doméstica residente no apartamento da sua família, se ela conhecia algum prédio com quartos de empregada separados em um outro andar, como foi de moda antigamente nos Estados Unidos, ela achou a ideia estranha. Já familiarizada com a minha pesquisa, ela comentou:

> Acho que aqui a gente não tem esse problema de ficar perto da empregada, sabe, não precisa deixar ela num andar abaixo, porque a gente finge que ela é "parte da família", os filhos dela brincam com os filhos do patrão... mas aí, quando crescem, é claro que se separam – um vai para a USP, o outro vai trabalhar com 16 anos e nem faz faculdade...
>
> Acho que não causa incômodo ao patrão saber que a empregada está num quartinho de dois por dois no mesmo apartamento que o dele, por isso não tem muito motivo para fazer um andar só de empregadas.

Enquanto essa pequena investigação arquitetônica dos apartamentos modernos, em São Paulo, São Francisco e Nova Iorque, aproxima-nos de uma forma específica de emprego doméstico que, embora possa estar novamente presente para uma pequena elite norte-americana urbana, é muito mais comum no Brasil, e quase não existe para os estadunidenses.

Ao mesmo tempo, é preciso reconhecer que embora sejam poucas, ainda existem grandes casas nos subúrbios dessas cidades dos Estados Unidos que ainda dispõem, não de quartinhos de empregada, mas de *maid's quarters* [uma parte da casa reservada especificamente à empregada], que geralmente são maiores e que oferecem a famílias que querem ter uma empregada doméstica residente a opção. Essas casas são uma exceção, o que não quer dizer que os americanos evitem totalmente a instituição da empregada doméstica residente, embora esse talvez seja o mais raro dos arranjos de trabalho nos Estados Unidos.

Na próxima parte desse capítulo, proponho uma tipologia mais sistemática dos empregos domésticos que vigoram atualmente nos Estados Unidos, demonstrando que há dentro dessa pequena população empregadas domésticas residentes nas casas dos empregadores; elas geralmente ocupam seus próprios quartos de tamanho normal nas casas dos empregadores, escritórios ou até garagens convertidas para servir temporariamente a essa função, em momentos específicos das trajetórias de vida dos empregadores, de modo distinto, mas com aspectos paralelos às práticas brasileiras descritas acima.

A mensalista estadunidense: apenas para crianças e idosos, e raramente residente

Em 2006, minha família veio me visitar no Brasil. Depois da insistência de minha mãe e minha irmã para visitarem lojas de roupas femininas, abri mão de uma tarde de programas culturais em São Paulo e levei-as, junto com meu pai, ao Shopping Iguatemi, em São Paulo. Enquanto várias das lojas já eram familiares a eles por pertencerem a marcas multinacionais, percebi que, de todas aquelas que acharam elegantes, havia talvez uma única que oferecia um tipo de roupa feminina que realmente nunca poderia ser encontrado em um shopping nos Estados Unidos: AB Uniformes.

Figura 5: Loja AB Uniformes no Shopping Iguatemi, São Paulo. Embora pareça banal ao leitor brasileiro uma loja varejista de uniformes para empregadas domésticas, cozinheiros, motoristas e mordomos, ela é para o estadunidense realmente uma novidade.

Para a grande maioria de estadunidenses, uniformes de empregada doméstica desse tipo são vistos muito mais em festas de fantasia de *Halloween* (Dia das Bruxas) do que no corpo de uma pessoa realmente trabalhando na casa de alguém. Alguns dos servidores estadunidenses usam uniformes e geralmente não são de espécies clássicas vendidas pelo AB Uniformes. Embora as faxineiras que trabalham com os *professional cleaning services* (veja página 121), como Merry Maids ou The Maids International, tenham seus serviços incorporados a práticas anacrônicas, usando o termo antiquado "*maid*" divulgado em suas propagandas, que contêm frases como "Esfregamos o seu chão do jeito tradicional, com nossas mãos e nossos joelhos" (Ehrenreich, 2003, p. 85), os uniformes dessas empresas geralmente não incluem nem saia nem avental, mas uma calça simples e camisa polo (vejaFigura 7). Mesmo superficial, esse tipo de truque de marketing, porém, não reflete as práticas comuns de empregadores de empregadas domésticas mensalistas e diaristas nos Estados Unidos. A despeito de acharmos um dos uniformes do estilo visto na janela do AB Uniformes nos Estados Unidos, os compradores individuais seriam tão poucos que os uniformes estariam apenas disponíveis em catálogos ou pela internet.[3]

Fica claro na descrição dos conflitos discutidos acima sobre Nova Iorque que há um certo preconceito contra a contratação de empregadas domésticas residentes nos Estados Unidos, especificamente em situações urbanas com falta de espaço, onde, como disse Coser (1973), a vida pessoal da empregada doméstica seria necessariamente devorada "sofregamente" por sua realidade na situação residencial, a qual oferece pouca privacidade e quase nenhuma oportunidade para separar o trabalho da vida. O uniforme também é visto como simbólico de tal tipo de dominação excessiva e de mau gosto, apropriado só em momentos especiais, como lugares de trabalho, a exemplo de hotéis ou restaurantes, e usado por serviçais em festas formais.

É importante, porém, deixar claro que, embora seja uma minoria na categoria de empregadas domésticas, com certeza ainda existem mensalistas residentes e não residentes nos Estados Unidos, e é provável que o número delas esteja aumentando a cada ano com a evolução geral da profissão. Hondagneu-Sotelo traça essa trajetória recente:

> Até o início do século XX, *live-in jobs* eram a forma mais comum de emprego doméstico remunerado

3 *Best Buy Uniforms* vende todo tipo de uniformes, desde enfermeira até massagista; o site tem como público alvo hotéis, restaurantes, hospitais e outros compradores institucionais (BEST BUY UNIFORMS, 2007).

> nos Estados Unidos, porém ao longo da primeira metade do século, eles foram paulatinamente suplantados por trabalho doméstico de diaristas. Emprego doméstico *live-in* nunca desapareceu totalmente, porém, e nas últimas décadas do século XX, ressuscitou com vigor, ganhando nova vida pelas necessidades de famílias americanas com pais trabalhando e filhos jovens – e, como temos visto, pelas necessidades de recém-chegadas migrantes latinas, muitas delas não casadas e sem compromissos familiares (HONDAGNEU-SOTELO, 2001, p. 37).

As dinâmicas culturais dessa volta da empregada doméstica durante os últimos vinte anos são interessantíssimas de se observar, e refletem claramente como as preferências culturais nos Estados Unidos têm mudado em termos das formas específicas de mordomia que são procuradas no país. Como foi discutido acima, nas páginas 42 e 55, seria impossível fazer uma estimativa com qualquer grau razoável de certeza sobre o número de empregadas domésticas mensalistas devido à falta de números precisos sobre a população de empregadas domésticas gerais, que podem ser estimadas por 100% ou mais, e também a falta de um sistema classificatório útil para dissociar os dados existentes. Ehrenreich constata que "a grande maioria" das empregadas domésticas nos Estados Unidos hoje pertence à categoria a ser discutida abaixo: as *freelancers* ou faxineiras; e também que as *professional cleaning services* "controlam 20 a 25 por cento do mercado" (2004, p. 92-93). Dado isso, é possível supor que, no máximo, as mensalistas formariam um quarto da população de trabalhadoras domésticas, que, com base em uma estimativa de 50% sobre o Censo estadunidense do total de pessoas na categoria, daria um máximo de aproximadamente 300 mil mensalistas, com uma pequena parcela dessas sendo residentes.

Porém, muito mais interessante em termos empíricos e teóricos é entender como essa população de "mensalistas" se dissocia internamente conforme as preferências de empregadores estadunidenses.

Hondagneu-Sotelo descreve com exatidão os mesmos fenômenos percebidos por mim em minhas observações etnográficas nos Estados Unidos:

> ...[empregadores] são confusos sobre arranjos de emprego doméstico. Mesmo que eles desfrutem do privilégio e do *status* relacionado, muitos estadunidenses continuam profundamente ambivalentes no posicionamento como empregadores de empregadas domésticas. Esses arranjos, afinal, são frequentemente comparados às relações de um senhor e seus servos tirados do feudalismo pré-moderno e escravidão, fazendo com que haja uma certa tensão com a forte retórica estadunidense de democracia e igualitarismo. Consequentemente, muitos empregadores se sentem envergonhados, incômodos, e até culpáveis (HONDAGNEU-SOTELO, 2001, p. 10-11).

De fato, há uma noção extramente forte nos Estados Unidos de *classlessness* [a condição de uma sociedade sem classes], que faz parte integral da identidade cultural que Hondagneu-Sotelo discute. Tanto que há um livro de um sociólogo estadunidense que argumenta, contra os textos clássicos de Wright (1985) e Erikson e Goldethorpe (1992) que não existem mais classes sociais nos Estados Unidos (KINGSTON, 2000). Essa noção pode ser vista também nas falas do Presidente George W. Bush e seus colegas do partido Republicano, que frequentemente usam o termo "*class warfare*" [combate de classes] como caracterização acusatória do posicionamento e dos programas políticos do partido Democrata.

Em 2003, Bush, defendendo a sua proposta de cortar centenas de bilhões de dólares dos pagamentos de impostos de renda vindos principalmente dos estadunidenses mais ricos (KRUGMAN, 2006), falou aos repórteres: "Eu entendo a política de estímulo econômico – que algumas pessoas gostariam de transformar em combate de classes." (FRITZ, 2003). Seu Secretário de Imprensa disse em evento paralelo que "O Presidente não acredita em dividir o povo americano brincando de luta de classes" (FRITZ, 2003). Essa ideia de que uma tentativa de construir uma divisão do povo estadunidense em classes fosse artificial e indesejável diz muito sobre o caráter delirante, e ao mesmo tempo utópico, dos neoconservadores americanos que têm presidido a fase mais intensa do que o altamente premiado economista Paul Krugman chama de o "chocante aumento da desigualdade jamais visto por toda a economia estadunidense durante os últimos trinta anos" (KRUGMAN, 2006).

Hondagneu-Sotelo descreve a preferência que estadunidenses têm pelas relações mais distantes com as empregadas domésticas, incorporando esse conceito de *classlessness*:

> ...muitos empregadores prefeririam ter relações mais distantes e impessoais com os seus empregados domésticos remunerados, não porque querem racionalizar práticas de trabalho, mas porque personalismos obriga-os a se preocuparem com suas empregadas. Enquanto o seu tempo está cada vez mais escasso, eles resistem gastando tempo e energia emocional falando com as suas empregadas domésticas. Como temos visto, muitos empregadores estadunidenses hoje não estão totalmente cômodos tendo alguém fazendo trabalhos domésticos nos seus lares. E, mesmo que não vocalizem, ou mesmo sintam culpa de classe ou raça, eles ainda ficam profundamente incomodados pelas mulheres mais escuras, mais pobres

> e falantes de espanhol labutando em suas casas, fazendo deles senhores e senhoras – uma imagem que não combina com suas visões nem com sua noção de Estados Unidos como uma sociedade moderna, democrática, sem classes e daltônica [sem prejuízo de cor] (HONDAGNEU-SOTELO, 2001, p. 208, tradução nossa).

Um dos meus entrevistados confirmou essa visão expressa por Hondagneu-Sotelo. Criado em Washington, D.C., Mitch,[4] 29 anos, cresceu em uma atmosfera altamente elitizada, estudando na mesma escola que a filha de Bill Clinton e tendo vários amigos cujos pais eram senadores e chefes de grandes empresas. Muitos dos amigos deles foram criados por mensalistas residentes e não residentes, mas depois de chegarem aos 10-12 anos, todas as famílias que ele conheceu pararam de contratar mensalistas e mudaram para faxineiras que vinham a cada semana ou até a cada duas semanas. Eu perguntei-lhe porque essas famílias multimilionárias – que obviamente têm os recursos financeiros disponíveis e casas suficientemente grandes para manterem uma mensalista residente ou no mínimo uma mensalista não residente – não queriam contratar alguém para, nas palavras do ex-presidente Johnson, tirar "o trabalho penoso e o serviço simplório" totalmente de suas vidas.

> Se você convida alguém para a sua casa em tempo integral, ele faz parte da sua família, e você precisa tratá-lo de uma certa forma. Se trabalham só uma parte do tempo, você tem menos obrigações. Muitas dessas pessoas [chefes das famílias multimilionárias] estão muito ocupadas, aí tentando dominar o mundo, e não queriam ter uma responsabilidade.

4 Os nomes dos entrevistados foram mudados para proteger as suas identidades.

Além desse informante, entrevistei outros seis membros de famílias multimilionárias estadunidenses durante a minha pesquisa, todos formal e informalmente – incluindo esses e todos os seus conhecidos, eu consegui encontrar apenas uma única família sem crianças com uma mensalista, sendo ela residente ou não. Jeffrey, um californiano de 26 anos do Vale de Silício, pertencendo a uma família multimilionária que dispõe de três casas em dois estados (duas das casas perto de uma estação de esqui de alto luxo em Wyoming) e que estudou na faculdade de elite de Princeton University em Nova Jersey, falou: "Sei que essas pessoas existem, mas eu não as conheço... Acho que são da costa leste ou de outros países."

Sunita, mulher de 30 anos e filha de dois advogados africanos de ascendência indiana, formou-se em uma das escolas mais elitizadas de Los Angeles, a *Marlborough School* (custo anual de USD 26.750) e manteve a mesma empregada doméstica durante mais que vinte anos, mas essa só ia "uma ou duas vezes por semana" para tarefas de faxina e lavanderia, bem como para cozinhar eventualmente. A mãe de Sunita preferia trabalhar em um escritório em casa para poder criar sua filha ela mesma, com apoio dessa mulher. Ela ajudaria em eventos especiais como cozinheira, para servir os convidados e para fazer faxina depois. Interessantemente, essa empregada nunca foi chamada com nenhum título oficial. "Não, não, a minha mãe nunca chamava ela de *maid*". No final, a entrevistada concluiu que a mãe dela referiu-se sempre à empregada como "a mulher que me ajuda com a casa", ou pelo próprio nome dela, uma prática comum para californianos não exatamente cômodos com essa relação de dominação.[5] Embora muitos dos amigos de Sunita, e também de Jeffrey, tenham sido criados parcialmente pelas mes-

5 Outra entrevistada, Anne, de 89 anos, referiu-se à sua faxineira de mais de dez anos como simplesmente "*the girl*" [a menina/moça].

mas espécies de *nanny/housekeeper* que Hondagneu-Sotelo estudou, igual à experiência de Mitch em Washington, D.C., depois dos filhos crescerem, quase todas as famílias deixavam de ter empregadas domésticas que vinham mais de uma ou duas vezes por semana, mesmo em casos de famílias que claramente dispõem de recursos financeiros para terem uma ou até duas mensalistas.

Jeremy, 28 anos, também de uma família multimilionária de Los Angeles, que dispunha de várias casas e um iate de 22 metros que custou quase um milhão de dólares, também não conhecia nenhuma família que empregava uma mensalista depois dos filhos crescerem. Também muitas das famílias que ele conhecia, inclusive a dele, nem empregavam babás, embora pudessem:

> — As famílias que podiam [empregar mensalistas] preferiam ter um dos pais a cuidar das crianças ou deixar as crianças em uma creche ou pré-escola. Na minha família, vinha só uma faxineira semanal e a minha mãe me criou.
>
> — E porque não contratar alguém para vir todo dia?
>
> — É horripilante. Talvez fosse mais caro do que eu acho. Talvez as pessoas nem pensem nisso como uma possibilidade... É ostentoso, tem alguma forma de estigma contra isso, talvez fosse apenas o grupo socioeconômico do qual eu venho.

De fato, os avós do Jeremy não eram tão ricos quanto os pais dele são, e isso também foi o caso de Mitch, Jeffrey e Sunita. Embora nenhum deles tenha ascendentes recentes realmente pobres, suas famílias, com a exceção de Sunita, subiram da "classe média" (todos os pais deles tinham faculdades completas, mas nenhum herdou milhões de dólares) para o que eu chamaria subjetivamente da "classe alta" (com bens imobiliários claramente valendo mais que um milhão de dólares) durante a última geração. Esse fato, analisado sob a ótica da "solidariedade de classe" de Bourdieu, tem grandes implicações:

> As chamadas de ordem ('Quem ela pensa que é?' 'Isso não é para gente como nós'), que afirmam o princípio de conformidade – a única norma explícita de gosto popular – e visam encorajar as escolhas 'racionais' que são, em todo caso, impostas pelas condições objetivas, também contêm um aviso contra a ambição de se distinguir alguém pela identificação com outros grupos; ou seja, são uma lembrança da necessidade de solidariedade de classe (BOURDIEU, 1987, p. 380-381).

Enquanto Bourdieu usa o conceito para explicar as normas do "gosto popular", nesse momento, parece também poder ser aplicado a pessoas que participam das camadas mais altas da sociedade americana. De fato, a geração nascida nos Estados Unidos entre os anos 1930-1960 cresceu na esteira do período chamado por historiadores econômicos como "a grande compressão" (GOLDIN; MARGO, 1991 apud KRUGMAN, 2006). Krugman descreve o período dizendo que "os ricos americanos ficaram dramaticamente mais pobres e os trabalhadores ficaram consideravelmente mais ricos. Estadunidenses se encontraram compartilhando estilos de vida similares de um modo nunca visto desde a Guerra Civil." Também durante os anos 60, o país experimentou o ponto mais baixo do século em imigração, o que reduziu a oferta de trabalho migrante pronto para entrar no serviço doméstico.[6]

6 Veja discussão da desigualdade econômica nos Estados Unidos na página 129.

Pensando nos Estados Unidos como um todo, seria possível aplicar a teoria de Bourdieu de solidariedade de classes como uma diagnose geral para a nova classe ascendente da qual esses entrevistados fazem parte. Mesmo que as famílias deles não tenham experimentado uma espécie de *rags to riches,*[7] enriquecimento acelerado, eles e os pais cresceram durante um período onde teria sido muito menos provável contratar empregadas domésticas. Subindo de uma geração para a outra, para a posição que – devido a uma acumulação pessoal de riqueza e também um aumento expressivo de desigualdade,[8] e finalmente uma nova oferta de trabalho de imigrantes – eles ocupam hoje, a qual tem um status social drasticamente diferente do mundo que seus pais os prepararam para ocupar. Esses empregadores, ainda que potenciais – vendo pessoalmente o desespero evidente ou implícito de uma empregada doméstica, que obviamente não tem acesso aos caminhos criados pelo *American Dream* – despertaram uma série de sentimentos negativos, desde culpa até um profundo, mais geralmente subconsciente, questionamento sobre como a sociedade em que moram tem mudado de forma tão fundamental ao longo de algumas décadas. Ao final, questionar a veracidade do *American Dream*, baseado na ideia de que qualquer pessoa pode se tornar rica se trabalhar bastante, também significa questionar em nível pessoal se os seus próprios sucessos financeiros são realmente resultados do seu mérito e trabalho duro, ou se, na verdade, isso é resultado de um bom posicionamento em um sistema injusto. Mais que a simples solidariedade de classe observada por Bourdieu na França, durante sua pesquisa nos anos 1960 e 1970, esse processo de questionamento levantado acima por

7 Traduzido diretamente "de panos para riquezas", a expressão comum caracteriza o ideal de mobilidade social nos Estados Unidos.

8 Veja Figura 15: Coeficiente de Gini para o Brasil e Estados Unidos: 1944-2001.

Hondagneu-Sotelo leva para o nível pessoal um questionamento sobre se o patriotismo e a crença nos grandes mitos fundadores do país têm virado ilusórios.

Os comportamentos cotidianos de empregadores que escolhem ter empregadas domésticas mensalistas também refletem esse desconforto material com uma escolha, como Hondagneu-Sotelo falou acima, ainda cheia de conflitos. Como fiz menção, a mensalista nos Estados Unidos tem um caráter muito diferente do que a mensalista brasileira, geralmente estando presente só em casas com crianças jovens. Essas *nanny/babysitters* são quase sempre migrantes, no caso da Califórnia, vindas do México e da América Central, e na costa leste, mais frequentemente do Caribe. Sendo elas geralmente pouco falantes do inglês, é difícil formar relações tão íntimas quanto àquelas que eu observei em famílias brasileiras.

Outro aspecto que Bourdieu enfatiza em sua obra épica sobre a "economia das práticas" (BOURDIEU, 1987, p. 180) é o fato de que saber como *ser servido* é, em si mesmo, um atributo muito importante para atingir sucesso e manter o seu *status* nas camadas mais altas da sociedade. Hondagneu-Sotelo delineia esse problema em uma família californiana:

> Muitos empregadores, por vários motivos, inicialmente se sentem tão desajeitados que não conseguem determinar exatamente o que querem quando contratam uma empregada doméstica. Outros se abstêm disso porque no início nem têm certeza sobre quais tarefas querem feitas (HONDAGNEU-SOTELO, 2001, p. 139, tradução nossa).

Depois de descrever várias outras inconsistências e faltas da parte da empregadora estadunidense em conseguir gerenciar a sua empregada doméstica de forma produtiva, ela chega a uma conclusão: "Empregadores não se veem como empregadores e não veem suas casas como locais de trabalho." (HONDAGNEU-SOTELO, 2001, p. 139). Esse fato leva muitos dos empregadores estadunidenses a terem grandes problemas com suas empregadas domésticas, quando a falta de comunicação leva o empregador a entrar em conflito com a empregada. Uma vantagem, porém, em não se ver como empregador é que fica mais fácil ao patrão justificar a falta de condições normais de trabalho, com horas regulamentadas e restritas a um máximo legal, o pagamento de um salário mínimo e até o direito de aumentos eventuais no salário. Em uma ocasião documentada por Hondagneu-Sotelo, quando uma empregada pediu um aumento salarial, a empregadora ficou espantada, achando que a empregada residente não tinha o direito de pedir aumento, além de ter sido extremamente mal-agradecida por tudo aquilo que essa empregadora magnificente tinha feito para ela, citando o fato dela ter lhedado moradia e também presentes de natal. Ao final da conversa, a empregadora admitiu ter perguntado, com raiva, à empregada, "É que dinheiro é a única coisa que importa para você?" (HONDAGNEU-SOTELO, 2001, p. 120). A autora resume a situação assim:

> [Essa indagação sobre dinheiro] revela uma contradição básica em trabalho doméstico remunerado. Pais contratam *nanny/housekeepers* para fazerem trabalhos envolvendo cuidados íntimos, porém não podem resistir fundamentalmente a ideia de que essas tarefas requerem compensação monetária (HONDAGNEU-SOTELO, 2001, p. 120).

Dentro da população de empregadas domésticas residentes, estudadas por Hondagneu-Sotelo, há situações em que, similares àquelas do Brasil, embora não pareçam abertamente abusivas para as empregadas, estas experimentam efetivamente jornadas de trabalho que ultrapassam 12 horas com regularidade, e recebem salários tão pequenos que praticamente garantem que elas não vão ter nenhuma vida social fora da casa do empregador e que as impedem de avançar nas carreiras em que poderiam aproveitar melhor suas capacidades humanas. Hondagneu-Sotelo mostra que nos casos em que empregadores estadunidenses contratam uma mensalista, a despeito das supracitadas tendências de não se sentirem cômodos com tais relações de dominação íntima, eles são certamente capazes – pelo menos em número de situações expressivas mostradas em sua pesquisa – de oferecer a suas empregadas domésticas condições de trabalho não tão exploratórias quanto àquelas que tenho visto no Brasil, mas às vezes próximo disso. Como Hondagneu-Sotelo aponta, é talvez dentro desse complexo jogo de culpabilidade e hesitação do empregador estadunidense em realmente assumir seu papel de empregador que se encontra a raiz dos maus-tratos sistemáticos, geralmente não manifestos, nem diretamente perpetrados por empregadores estadunidenses, como os descritos acima.

Voltando para o lado idiossincrático do empregador estadunidense culpado, outro comportamento observado em vários momentos, e que poderia pertencer a uma certa forma de solidariedade de classe, é a tendência por parte do empregador estadunidense de limpar sua casa em preparação à chegada da faxineira, ou até limpando ao lado da faxineira ou *nanny/babysitter*. Esse comportamento, talvez estranho aos olhos brasileiros (quem não tem visto a prática comum no Brasil de deixar um monte de louça acumular durante o fim de semana para a empregada lavar na chegada, na segunda-feira, ou a mesma coisa no dia anterior ao da faxineira vir?), reflete ainda mais esse caráter do empregador, ou talvez, nesse caso, principalmente da empregadora estadunidense. Além da solidariedade de classes, muitos autores têm discutido em detalhes essas atitudes no contexto do feminismo, e das empregadoras dos anos 1980 até o presente, que participaram enquanto jovens em militância feminista para tentar conseguir direitos iguais para mulheres. Agora bem-sucedidas em carreiras profissionais, muitas delas têm conseguido esses sucessos em grande parte devido aos serviços de mulheres menos privilegiadas que ajudaram na criação de seus filhos e na manutenção de suas casas. As *nanny/housekeepers* desses tipos de mulheres, como aquelas do Brasil, frequentemente tomam a posição de mãe substituta em famílias com crianças jovens, levando os filhos para a escola, cozinhando, fazendo faxina, e entretendo os filhos enquanto os pais trabalham. Essa substituição frequentemente causa um duplo sentimento de culpa, primeiro por ter abandonado suas responsabilidades como mãe, e também ter feito isso de forma oportunista, tomando proveito de uma mulher sem opções de trabalho profissionais abertas a ela (EHRENREICH, 2003; MEAGHER, 2002; ROMERO, 1992).

A *au pair*, mensalista igualitária

Um arranjo específico de trabalho doméstico que tem chamado a atenção dessas mulheres e que também é consideravelmente diferente de qualquer arranjo brasileiro é aquele da *au pair.* Embora não seja o mais comum dos arranjos estadunidenses, um breve olhar na descrição do programa oficial federal pode ser instrutivo:

> Pelo programa *Au Pair*, estrangeiros entre 18 e 26 anos de idade participam diretamente na vida caseira de uma família anfitriã por fornecer serviços de cuidado de criança limitados por até 12 meses. O Cuidado de Crianças é limitado a não mais que 10 horas por dia e um máximo de 45 horas por semana.

> *Au pairs* são compensadas pelo seu trabalho conforme o Fair Labor Standards Act (...). Participantes no programa precisam falar inglês proficientemente e são exigidas a completar pelo menos seis horas de créditos acadêmicos ou seu equivalente, em uma instituição de educação póssegundária acreditada. Famílias são obrigadas a pagarem até USD 500 dos custos das atividades educativas (U.S. DEPARTMENT OF STATE, 2007, tradução nossa).

O termo *au pair* vem do francês e significa literalmente "ao par", ou igual a, com referência à mãe da família. Percebida como uma interação entre iguais, e definitivamente temporária, as *au pairs* oficiais frequentemente vem da Europa, mas também de outros países do mundo inteiro. Esse programa oficial oferece um visto específico (o J-1), válido para um ano, e vem respaldado pelo discurso de que a experiência é um intercâmbio cultural que vale muito, tanto para a família como para a participante do Programa. É fácil ver como tal tipo de programa chamaria a atenção de uma potencial empregadora, ou empregador, estadunidense que preferisse acreditar que sua escolha em contratar alguém para trabalhar dentro de casa não constataria nem uma ab-rogação de seus princípios (ou pessoais ou de cunho mais patriótico) nem uma completa capitulação ao mercado para buscar os serviços ligados à intimidade da casa. Imbricado com discursos de intercâmbio cultural saudável, de troca igualitária, e até de aprendizagem nas tarefas de maternidade, essa forma de serviço doméstico tem um forte apelo junto a uma certa classe de empregadores socialmente conscientes e preocupados com os impactos culturais em suas escolhas nessa área para suas crianças. Embora o número de *au pairs* registradas legalmente no país seja estimado em cerca de 12.000 (INTERNAL

REVENUE SERVICE, 2007), há um grande número de empregadas domésticas chamadas de *au pair* não registradas no programa oficial do governo e trabalhando, provavelmente, com vistos de turista ou até ilegalmente no país.

Julia Wrigley, socióloga estadunidense e autora de um livro popular sobre emprego doméstico, *Other People's Children* [Filhos de Outras Pessoas] (1995), dedica um capítulo inteiro de seu livro à tendência comum entre empregadores estadunidenses de quererem achar pessoas "similares" a eles para cuidar de seus filhos. Wrigley chama esse tipo de empregada doméstica, *au pair* ou não, de "*class peers*" [iguais de classe], um termo conceitualmente importante e também citado por Hondagneu-Sotelo (2001, p. 103). A base empírica do estudo de Wrigley foi uma série de 177 entrevistas feitas por uma equipe de pesquisadores, sendo 76 com *caregivers* (seriam babás ou *nanny/housekeepers* discutidas acima), 79 com empregadores e 22 com chefes de agências de emprego doméstico, todas feitas nas cidades de Los Angeles e Nova Iorque. Ela escreve:

> Pais incômodos pela ideia de ter alguém de um meio social [*background*] radicalmente diferente de seus próprios ajudando na criação dos seus filhos e compartilhando suas casas vão procurar *caregivers* que são culturalmente parecidas a eles. Esses pais procuram mulheres que talvez não sejam subservientes, mas que pareçam ser mães. Uma mãe em Los Angeles que contratou uma *au pair* sueca disse que a mulher fez tudo na sua ausência exatamente do jeito que ela teria feito. "Você podia sair da cidade e você sabia que o seu filho ia absolutamente ter uma mãe substituta. Ela teve responsabilidade total. Confio completamente nela." (WRIGLEY, 1995: 48).

Essa prática cultural, porém, pode ser expressa por empregadores em termos explicitamente políticos, de forma que, à primeira vista, pareça bastante progressista:

> Pais que contratam *class peers* minimizam conflitos culturais sobre criação de crianças. Eles também evitam a criação de hierarquias extremas dentro de suas próprias casas. Para alguns pais, isso é crucial. Um casal de Nova Jersey disse que eles tinham visto muitas *housekeepers* caribenhas no seu bairro que foram tratadas como *servants*. A mãe disse "Eu simplesmente não me sentia confortável com aquilo de nenhuma forma. Eu não queria criar a minha filha achando que havia alguém que ela pudesse tratar de modo superior. Aquilo realmente me desconcertou bastante." Esse casal contratou uma série de oito *au pairs* (Ibid., p. 49, tradução nossa).

Uma das minhas entrevistadas, Caroline, 56, da região de São Francisco, contou sua história de contratação de serviço doméstico de forma parecida:

> Achamos primeiro uma moça sueca que conseguimos de uma mulher que conheci na escola. A experiência com ela foi desventurada... Havia basicamente uma fórmula. Você daria a ela hospedagem e comida, um certo tempo de uso do carro, um salário etc. Mas ela queria sempre usar o carro para ir a todo lugar e não foi muito legal. Depois disso, a nossa amiga nos deu a conexão brasileira e isso funcionou muito melhor, porque elas tinham uma rede aqui, tinham família. Às vezes, elas dormiam den-

> tro de casa, às vezes, fora. Tivemos três ou quatro. Para mim, essa foi a parte mais difícil de ter filhos: por não poder pagar muito, não conseguíamos reter a mesma pessoa por muito tempo. Achariam outro emprego ou iam para os seus países. Havia mudanças demais em nossas vidas. Não consegui suportar a situação.

Nesse caso, Caroline contratou primeiro uma *au pair* informal e teve uma experiência negativa com ela, e depois chegou a preferir as contratações que ela conseguiu fazer por meio de conexões na comunidade brasileira na Califórnia. Outras empregadoras também tiveram experiências parecidas. Wrigley cita uma entrevistada em Los Angeles que evitou a contratação de uma *au pair* mesmo sem experimentar, dizendo, "Pelo que eu entendo sobre elas, elas querem um carro, e querem uma vida, e para mim isso seria uma responsabilidade extra, como se fosse a mãe delas." (Ibid., p. 49).

Na mesma entrevista com Caroline, perguntei sobre o fato de ela não poder manter a mesma *nanny/housekeeper* durante muito tempo e se ela se sentia culpada pelos salários baixos que ela pagava. Ela fez um comentário emblemático, similar ao que é frequentemente falado por estadunidenses ao justificarem o emprego de uma empregada doméstica, bem na linha da ideia da "ponte ocupacional" discutida acima (veja página 43), mas também consistente com o desejo de achar uma *au pair*.

> Acho que para as empregadas domésticas neste país, o emprego serve como alpondras. É só uma coisa que fazem durante um tempo, não é uma coisa que querem fazer para sempre. Elas têm a oportunidade de aprender inglês, conhecer a cultura...

Nos Estados Unidos, essa concepção comum do emprego doméstico como uma séria de alpondras[9] pode parecer, em princípio inocente, e bem-intencionado de cara, porém, na verdade serve como, talvez, a maior de todas as justificativas para não dar a empregada doméstica os mesmos tipos de tratamento que qualquer outro empregado em situação de trabalho formal teria. Caroline não contratou planos de saúde para suas empregadas (teria que fazer se fosse um emprego formal) e pagava só em dinheiro, sem nenhum registro, principalmente porque ela lembrava, nenhuma de suas *nanny/housekeepers* tinha nem cidadania nem *green card*. Os salários que ela pagava também beiravam o salário mínimo legal da época, e se considerarmos que não recebiam nenhum dos benefícios que um trabalhador em um emprego formal teria tido, esse salário era, na realidade, até menor que o mínimo legal. Ao mesmo tempo, Caroline, participante nos anos 1960 e 1970 em vários grupos do movimento feminista, admitiu ter praticado um dos comportamentos mais típicos do empregador americano tomado por um sentimento de culpa, que era fazer faxina antes da empregada começar e até limpar junto da empregada doméstica. A atitude foi mais comum quando deixou de ter uma *nanny/housekeeper* para

9 No excelente documentário, *Maid in America*, Eliot Marbury, empregador de Telma, salvadorenha que cuida do filho dele desde os oito meses, diz também que "para mim, é só uma alpondra [*stepping stone*]", referindo ao papel do emprego de Telma em sua carreira, como um passo temporário dentro de um caminho para uma situação melhor. Telma, há mais de seis anos cuidando de Mickey, filho de Eliot, é chamada de mãe por Mickey, e Mickey fala com ela em uma mescla de espanhol e inglês. Ela comenta no filme que nunca mais irá trabalhar cuidando de crianças, porque ganha-se tão pouco e porque não quer perder o laço emocional criado com Mickey (PRADO; LEADINGHAM, 2004).

uma faxineira, correspondendo a atitudes descritas por outras mulheres entrevistadas por Wrigley:

> Quando pais contratam uma *class peer*, eles precisam amolecer a natureza *master-servant* [senhor--serviçal] da relação para fazê-la mais aceitável para alguém que tem outras opções. Porém, diante do processo de fazer a relação mais palatável, os pais sacrificam uma parte do seu poder. Não podem atribuir tarefas domésticas livremente e não podem esperar que a *caregiver* dê às necessidades da família a prioridade. (....) como semimembros da família, não pode ser atribuído a [esse tipo de] *caregivers* qualquer tipo de trabalho que os pais não compartilham eles mesmo. Trabalho reservado só para a *caregiver* adquirem um estigma que pode fazer ela resistente a fazer aquilo (Ibid., p. 49-50).

Wrigley explica vários outros detalhes do arranjo de trabalho de *au pair* nos Estados Unidos. Aquelas que não vêm atrás das agências que formalmente organizam suas estadias, frequentemente vêm com vistos de turista e continuam no país ilegalmente, com empregadores pré-arranjados por meio de amigas ou parentes já trabalhando como *au pairs*. As mesmas redes de empregadores e empregadas que servem para recrutar outros tipos de mensalistas e diaristas nos Estados Unidos e no Brasil[10] funcionam nessa instância de forma transnacional. De maneira reveladora, ela descreve as origens dessas *au pairs*:

10 Um assunto tratado em muitos detalhes por outros autores. Veja Barbosa (2000), Hondagneu-Sotelo (1994) e Esther et al. (2003).

> *Au pairs* vêm principalmente do Norte da Europa (Grã-Bretanha, Alemanha, Escandinávia, e dos países da Benelux). A estrutura de classes nos países da Europa meridional produzem menos mulheres jovens (e homens) preparadas para trocar um ano de trabalho doméstico por uma experiência cultural. Nesses países, é provável que jovens da classe média e da classe média alta tenham sido criados por *servants*[11] e se desentusiasmassem com a ideia de se juntar às suas filas, mesmo temporariamente (Ibid., p. 52, tradução nossa).

Refletida também nas minhas entrevistas, o termo *au pair* parece ser usado com poucas exceções por mensalistas residentes do Norte da Europa. Quando elas vêm da América Latina, mesmo tendo as mesmas responsabilidades, elas são em poucos casos chamadas de *au pair*. É fácil ver, por meio dessa breve discussão da *au pair*, as atitudes características dessa parcela de empregadores estadunidenses, que se importam muito com a questão da desigualdade na intimidade de seus lares encontrada no emprego doméstico. O interessante, porém, é que em muitos casos a preocupação em manter uma relação "igual" ou "justa" – registrada nas atitudes dos empregadores de minhas entrevistas e também nas entrevistas dos outros autores citados – parece ser realmente uma questão pessoal e individual, desligada das questões sobre as estruturas sociais gerais de desigualdade entre classes, raças e até nações.

Dick Gregory, um celebrado comediante negro que ficou famoso durante os anos 1950 e 1960 por sua ativa participação no

11 Note que ela usa o termo "*servants*" só para se referir às empregadas domésticas da Europa meridional, e não para nenhum tipo de empregada nos Estados Unidos atual.

movimento dos direitos civis e pela natureza politizada de seus monólogos cômicos, comentou em um dos seus atos mais conhecidos que: "Por aqui [no Sul dos Estados Unidos], eles [os brancos] não se importam quão próximo você chegue, contanto que você não fique grande demais. Lá no Norte, não se importaram quão grande você fique, contanto que você não chegue perto demais." (JOHNSON, 2006). Como fiz menção na apresentação desse texto, a minha pesquisa primária e secundária nos Estados Unidos teve foco na Califórnia (em Los Angeles e São Francisco) e, em alguns casos, usei referências de Nova Iorque, Washington, D.C., e Boston, todas cidades conhecidas como progressistas, e com uma cultura muito mais próxima àquela de que Gregory fala - a cultura do "Norte" dos Estados Unidos, durante e antes do movimento dos direitos civis. Observa-se, nessa citação importante, as raízes históricas (e também superficiais) das preferências igualitárias da classe dominante de partes progressistas dos Estados Unidos; enquanto há uma retórica favorável à igualdade de classe e de raça entre uma grande parte dos estadunidenses, essa retórica não necessariamente reflete uma visão coerente de uma estrutura social que ofereça oportunidades iguais a todos os seus cidadãos, nem a participação em qualquer tipo de ação coletiva além da participação semianual na democracia eleitoral. Em termos weberianos, percebe-se aqui os elementos básicos da supracitada ação racional de valor, descrita por Weber como ação "determinada por uma crença consciente no valor pelo próprio bem de alguma forma de comportamento ético, estético, religioso ou outro, independente de suas possibilidades para o sucesso" (WEBER, 1978, p. 24-25). Voltarei à discussão da racionalidade do empregador doméstico estadunidense no capítulo quatro, considerando tal observação para as outras formas do emprego doméstico, e também no contexto de discussões explicitamente éticas sobre a questão da moralidade de ter ou não ter uma empregada doméstica. No próximo capítulo, entrarei na questão dos comportamentos dos empregadores de empregadas domésticas mensalistas no Brasil, mantendo em mente a possibilidade de continuidades entre a caracterização de Gregory para o Sul dos Estados Unidos e o Brasil, dois lugares em que há uma grande capacidade entre os privilegiados de manterem relações extremamente íntimas e também estáveis na presença de disparidades socioeconômicas extremas.

A mensalista brasileira: "*quase* parte da família"

É importante ressaltar aqui que enquanto a empregada doméstica mensalista nos Estados Unidos é hoje definitivamente uma minoria entre a categoria geral de empregadas domésticas, no Brasil, conforme os dados oficiais, a mensalista continua sendo a grande maioria da categoria (veja página 47). Essa diferença estrutural no emprego significa muito sobre as estruturas de classe e as diferenças concretas em termos de poder aquisitivo relativo das classes média e alta nos dois países (veja página 153), e também sobre as preferências culturais de mordomia dos estadunidenses e dos brasileiros. Enquanto um determinista materialista cético talvez dissesse que toda a diferença vem diretamente das estruturas econômicas diferentes nos dois países, tentei mostrar no último capítulo que, além do simples fato de que, com certeza, há menos estadunidenses com o poder aquisitivo necessário para contratar uma mensalista, também há certo puritanismo ético, ou seja, um asceticismo, que inibe o estadunidense com o dinheiro necessário para contratar uma mensalista, especialmente (mas de forma nenhuma exclusivamente) no caso de famílias potencialmente empregadoras que não têm filhos jovens.

Infelizmente, não há dados disponíveis sobre a constituição das famílias empregadoras em nenhum dos dois países, porém, como foi discutido acima, em minha própria pesquisa, há uma diferença nítida nos dois países. Nos Estados Unidos, depois de uma série de mais de cinco entrevistas formais, dezenas de entrevistas informais e uma procura informal prolongada, consegui encontrar apenas uma história de segunda mão de uma singela família sem filhos jovens que emprega uma mensalista em tempo integral no país –incluindo a busca entre mensalistas residentes e não residentes na casa do empregador. Ao mesmo tempo, no Brasil, com pouco esforço, encontrei pessoalmente dezenas de casos de famílias da classe média e alta sem filhos jovens que empregavam uma ou mais mensalistas para limpar, cozinhar e administrar suas casas. Também, em várias das minhas entrevistas e em encontros informais no Brasil, observei que a duração do vínculo empregatício da empregada doméstica com a família pode ser uma fonte de orgulho para a família empregadora. Septuagenário, Fernando, um juiz federal aposentado em São Paulo, contou-me felizmente, quando comecei a perguntar sobre a empregada doméstica dele, que "ela está com a família há mais que trinta anos".

Uma das patroas que entrevistei, Claudia, 52, empregava duas mensalistas residentes (voltam para suas casas nos fins de semana) em uma casa com uma filha de 17 anos e seu marido. Uma das empregadas, Elaine, trabalha na casa há mais que vinte anos. Elaine era uma das tais "segundas mães" de que ouvi falar em muitas entrevistas com empregadores e seus filhos. As duas com quase a mesma idade, Elaine veio do interior do estado de São Paulo para a capital, sem muita educação formal, tendo sido contratada por Claudia na mesma época do nascimento da primeira filha, Daniela, de 22 anos. Elaine continuou direto na casa de Claudia e também tem laços emocionais fortes com as filhas de Claudia, principalmente com Daniela, que agora estuda em uma faculdade fora do Brasil. Elaine liga diretamente para Daniela, mesmo enquanto fora do país, comentando várias vezes que ela quase não suporta continuar o trabalho sem a moça em casa. Claudia comentou uma vez que, mesmo que Elaine tenha quase a mesma idade dela, esta se comporta às vezes "como se fosse uma criança". Todos os membros da família concordam que Elaine é "quase parte da família" e uma segunda mãe das filhas da Claudia.

As diferenças entre um caso como esse e as situações das famílias empregadoras de *nanny/housekeepers* e *au pairs* nos Estados Unidos são tantas que quase não dá para comparar. A primeira grande diferença, óbvia, é a longevidade da relação empregatícia. Vinte anos é muito mais de que qualquer caso que vi ou sobre o qual tenha lido na literatura sobre o emprego doméstico atual nos Estados Unidos. Alguns estadunidenses que eu entrevistei, porém, tendo nascidos na primeira metade do século XX, cresceram em famílias que mantiveram as mesmas empregadas durante décadas – um tipo de relação que parece ser quase inexistente nos Estados Unidos de hoje. Essa natureza duradoura do emprego doméstico no Brasil realmente deve ser considerada no estudo do caso brasileiro, e *servant* não seria um termo adequado para descrever a função de certas mensalistas. Em termos da caracterização de Coser para a família que devora "sofregadamente as personalidades de seus serviçais", em muitos casos no Brasil, constatei a situação de maneira clara, em frente aos meus próprios olhos. Não que o tratamento dado à mensalista residente seja tão diferente nos Estados Unidos – nos dois países, certamente, há casos em que os mesmos horários intermináveis de trabalho, o isolamento social da empregada, e a impossibilidade de ela ter uma vida fora do emprego são uma realidade atual – porém, uma grande diferença é que, nos Estados Unidos, esse tipo de emprego é realmente um passo na vida profissional que geralmente não dura mais que alguns anos. No Brasil, com certeza, há muitas evidências sobre uma efetiva mobilidade para algumas das empregadas domésticas, ao mesmo tempo em que, em termos das preferências do empregador, parece não haver nenhum tipo de sentimento como aquele expresso por Caroline (veja página 87) para quem o emprego doméstico é, e deve ser, só um passo no caminho para uma vida melhor, e definitivamente não uma sentença de vida. Para o empregador brasileiro, de modo geral, embora pareça haver vários casos de empregadores ajudando a custear a educação dos filhos de suas empregadas com a esperança de que eles possam subir na escala social, encontrei poucos casos daqueles que querem ver suas empregadas domésticas progredirem para outros empregos mais bem remunerados ou com *status* maior.[12] Em paralelo, as mensalistas, e também as diaristas, nos Estados Unidos, frequentemente experimentam outra forma ainda mais grave de alienação de suas famílias e vidas pessoais, tendo de deixá-las para trás em seus países de origem, no Caribe ou na América Latina, passando, às vezes, anos ou até uma década sem vê-las.[13] Mesmo se o papel do *servant* não é mais desempenhado

12 Dos três casos que encontrei de empregadores que tentaram ajudar suas empregadas domésticas a conseguirem outros empregos mais desejáveis, dois eram em casas de intelectuais da esquerda, engajados em movimentos sociais. Tomo esses casos como anômalos devido à falta de menção de tais tentativas na literatura sobre o assunto, e também pelas declarações desses mesmos empregadores.

13 O documentário *Maid in America* relata a história da Judith, que deixa seus quatro filhos com sua mãe em uma primitiva cabana rural na Guatemala para passar ilegalmente para os Estados Unidos e ganhar dinheiro para remeter à sua família. No final do filme, a diretora segue Judith, de volta após vários anos nos EUA à sua família, e afirma que: "A reunião com sua filha e mãe idosa realmente me tocou. Também, o estado de pobreza em que eles vivem... foi como nada que eu tivesse experimentado antes. De repente, entendi porque uma mãe deixa quatro filhos para trás para encontrar trabalho nos EUA. Era ver seus filhos sofrer fome ou sair, pela própria sobrevivência.

em casas de empregadores estadunidenses, não podemos dizer que a empregada doméstica não experimente uma forma de privação emocional de mesmo nível que o que ocorria a suasantecedentes.

Uma entrevista com Patrícia, 60 anos, empregadora do bairro de Higienópolis, em São Paulo, ajudou a esclarecer qual a visão de realidade que leva um empregador brasileiro a conceber suas responsabilidades diante de sua empregada doméstica de modo tão diferente de um empregador estadunidense.

> — Na sua opinião, qual é o melhor futuro que uma empregada doméstica pode ter?
>
> — O melhor futuro é elas continuarem no emprego, porque hoje em dia tá ficando difícil uma casa ter empregada doméstica; já vi vários casos de amigas que por causa da situação financeira tiveram de cortar esse... eu tenho faxineira a cada 15 dias, fora a empregada, eu tenho faxineira, mas eu ainda, eu estou... está sendo um luxo pra mim porque eu tenho vários casos de amigas minhas que tiveram de cortar tudo isso por causa da situação financeira, está cada vez pior nessa faixa de idade, quando o marido perde emprego por causa de idade, então tem que dar uma mudada na situação...

Quando o emprego doméstico é concebido assim – não como um trampolim ou alpondra, que levará a trabalhadora resoluta para uma situação melhor aos olhos do empregador otimista estadunidense (veja página 87), mas como uma realização ocupacional em si mesmo, e também como uma posição a ser prezada pelo em-

---

Tudo ficou totalmente claro."(PRADO; LEADINGHAM, 2004).

pregador, que não pretende ter, de repente e tragicamente, de fazer apelo às massas desempregadas – a relação entre empregador e empregada doméstica muda dramaticamente. De fato, quando Coser previa o fim do *servant*, uma das precondições explícitas era a presença de outras opções de emprego.

> A assimetria no relacionamento que leva à absorção da personalidade de uma das partes pela outra, sôfrega, só pode ser mantida se for legitimada e sustentada ideologicamente levando os absorvidos a considerem correto e certo que isso seja o caso, ou quando os explorados não veem nenhuma outra alternativa ao presente estado de dependência e aquiescem àquilo por falta de opção. Quando tais condições não prevalecem mais, relações assimétricas provavelmente acabam por si. No caso presente, famílias talvez continuem a absorver tão sofregamente os *servants* quanto antes, pois o lado da demanda talvez não tenha sido diminuído, porém a oferta declina, e cada vez menos categorias de pessoas estão dispostas a tornarem-se *servants*. É justamente isso o que aconteceu durante esse século (COSER, 1973, p. 36-37).

A análise que Coser fez nos anos 1970 continua a se mostrar relevante para a discussão presente. Embora Coser ponha o foco no tipo de tratamento que a empregada doméstica aceitaria, meu interesse é mais sobre qual tipo de tratamento o empregador – o agente mais poderoso, e talvez o maior determinante, no curto prazo, pela reprodução ou transformação das relações de poder e das estruturas socioeconômicas das sociedades –[14] vai considerar acei-

14 Veja discussão do intelectual italiano, Piero Gobetti, na página 14.

tável oferecer a sua empregada. No Brasil atual, o empregador sabe que, para a empregada doméstica, e principalmente a mensalista, mesmo aquela experiente e estabelecida em sua cidade, seria difícil conseguir um outro emprego logo após uma demissão hipotética. A situação fica cada vez pior se ela for demitida por enfrentar o seu empregador manifestando-se contra algum tratamento ou abuso por parte deste, e tiver de sair sem poder contar com a recomendação do ex-patrão na busca do próximo emprego. Como Coser aludiu no trecho citado acima, essa situação oferece ao empregador quase uma carta em branco para determinar as condições do emprego e o caráter da relação entre ele e uma empregada doméstica. Uma grande parte da diferença entre os dois países se deve ao fato da taxa de desemprego no Brasil ser, dependendo da metodologia usada, aproximadamente duas vezes àquela dos Estados Unidos.[15] O perigo percebido por uma empregada doméstica de cair em uma situação de desemprego prolongado, se perder o emprego, é real nos dois países, porém expressivamente maior no Brasil. Para o empregador brasileiro, que certamente sabe dessa vulnerabilidade fundamental da empregada doméstica, isso fornece uma justificativa ética na contratação da empregada, onde quase qualquer con-

15 Nos últimos anos, a taxa de desocupação dentro da população economicamente ativa nos Estados Unidos andou por volta de 4 a 5% (STATISTICS, 2007b), e no Brasil entre 9 e 11% (IBGE, 2005a), usando estatísticas baseadas na taxa de desocupação dentro da população ativa. Porém, há várias diferenças que fazem com que realmente não dê para adequar um número ao outro com muita certeza. As definições de "idade ativa", "economicamente ativa" e mesmo "desocupado" são diferentes nos dois países, e também há controvérsia nos dois países sobre a melhor forma de medir subemprego. Mesmo assim, poucos argumentariam contra a constatação geral de que o Brasil tem uma taxa de desocupação expressivamente maior do que aquela dos Estados Unidos.

dição de negociação ou remuneração seja, de entrada, dificilmente dispensável: a situação da empregada doméstica trabalhando para ele seria a melhor alternativa que ela teria.

De fato, esse raciocínio parece ser a ligação mais forte entre a racionalidade implícita atrás da contratação de uma empregada doméstica nos dois países. Um entrevistado na Califórnia, Alex, 24 anos, explicitou o mesmo pensamento que Patrícia teve, um passo à frente, perguntando, "se a empregada doméstica entra em um contrato voluntariamente, não é que é uma coisa boa?". Expressa por muitos empregadores nas minhas entrevistas, e também em conversas informais, essa postura sobre o '*se o contrato é voluntário, é justo*' nos mostra o lado fundamentalmente conservador e oportunista dos empregadores nos dois países. Enquanto muitos empregadores se esforçam para melhorar as condições de vida de suas empregadas domésticas dando-lhes presentes (móveis ou roupas usados), ajudando com despesas avulsas das empregadas de vez em quando, ou até ajudando a pagar os custos da educação de seus filhos, são extremamente raros os que questionam as macroestruturas econômicas que põem as empregadas domésticas na posição em que a única opção de trabalho que elas têm é o próprio emprego doméstico. Aqui se encontra o lado mais feio da ética protestante, e da ação *racional de valores,* dentro do capitalismo neoliberal estadunidense, e também brasileiro: enquanto há um sentimento de responsabilidade ética geral, este é limitado, e falta imaginação para conceber possíveis realidades sociais mais justas. A própria agência do empregador é quase inexistente dentro desse *weltanschauung* que não abre quase espaço cognitivo para a ação coletiva. Voltarei a esse assunto na conclusão do texto, porém acho importante apresentar essa conceituação da *economia moral*[16] do empregador para, então, poder melhor desenvolver a análise das

16 Veja Scott (1976) e Thompson (1971).

diferenças entre os comportamentos dos empregadores brasileiros e dos estadunidenses, sendo que essas forças, embora raramente explicitadas, criam as condições inicias de qualquer relação empregatícia e continuam a ser, junto com as forças da ação *tradicional* e da ação *afetiva*, os elementos estruturantes das relações cotidianas entre empregadores e suas empregadas domésticas.

É fácil ver, então, sob a luz dessa explicação porque certos comportamentos característicos do empregador brasileiro são tão comuns; em contraste à timidez com que o empregador estadunidense aborda sua relação com a sua empregada doméstica em muitas situações, o brasileiro sabe bem que sua empregada doméstica (de novo, cada vez mais em relação às mensalistas) aceitará demandas que pareceriam aos olhos americanos – mesmo aqueles que foram criados por *au pairs* ou *nanny/housekeepers* – muito além do necessário ou do razoável.

Entre os entrevistados mais interessantes no objetivo de destacar quais são essas principais diferenças, há uma série de estadunidenses que visitaram ou vieram morar no Brasil e conheceram casas de famílias empregadoras brasileiras durante o tempo de minha pesquisa. Um desses foi Jeffrey,[17] que chegou a almoçar na casa de uma família de classe média alta, em Pinheiros, a qual tinha duas mensalistas residentes. Quando perguntei sobre a experiência dele com a família e as empregadas, ele respondeu assim:

> A minha reação inicial foi que eu queria reconhecê-las ou cumprimentá-las; ou talvez eu tenha simplesmente ficado sem jeito, não sabendo se era ou não para eu reconhecê-las... Fiquei bem incomodado quando ficou claro que realmente não era para eu

17 Veja página 78.

> reconhecer a presença delas, porque a gente foi direto para a mesa com o Marcelo nos guiando para lá e continuando a conversa sem nenhuma brecha para reconhecer que elas estavam aí.

Esse tipo de confusão foi um acontecimento comum entre outros estadunidenses que entrevistei e que chegaram a conhecer casas da classe média brasileira. Jeffrey também ficou surpreso quando seus anfitriões tocaram uma campainha de mesa para sinalizar à empregada que era o momento de levar o segundo prato da refeição e também a sobremesa. Também ouvi vários casos de *faux-pas* da parte de estadunidenses cumprimentando empregadas domésticas, e até as beijando e esboçando reações incômodas aos próprios empregadores-anfitriões. Eu também pessoalmente tive muitos momentos assim quando cheguei ao Brasil pela primeira vez, aprendendo devagar que as empregadas domésticas que chegaram a me servir café ou jantares em várias casas realmente não esperavam mais do que um "obrigado" de minha parte. Da mesma forma, minhas tentações de apertar suas mãos (como eu teria feito nos Estados Unidos) ou dar um beijo nas bochechas e me apresentar pelo nome eram muito exageradas. A fotógrafa estadunidense, Pamela Duffy, comentou sobre a situação de forma consistente sobre aquilo que ouvi de vários outros estadunidenses:

> Por ocasião da minha primeira visita ao Brasil, fiquei admirada com a diferença entre a classe média norte-americana e a brasileira. Aqui encontrei as casas incrivelmente organizadas e limpas, comida feita em casa, jantares para trinta pessoas, babás de 24 horas, calcinhas e cuecas passadas a ferro. Acima de tudo, me deparei com a mordomia, palavra sem equivalente em inglês.

> Eu comecei a pensar nessa mulher, a empregada, responsável por tantas tarefas diárias da casa, e como o trabalho doméstico é capaz de mudar o modo de vida de um país. Pensei no significado de estar totalmente envolvida em servir outra pessoa e passar a vida vivendo na casa dos outros... Percebi que a empregada serve silenciosamente, entra e sai dos lugares sem ser notada. Ou seja, a doméstica vive na invisibilidade.

Eu destaco essas reações de estadunidenses para chamar a atenção ao fato de que essa invisibilidade é realmente produzida pelos empregadores brasileiros a partir de um código social não necessariamente universal. Como Bourdieu nos lembra, *saber como ser servido*[18] é de verdade uma das características importantes para pessoas das classes média alta e alta demonstrarem suas credenciais de classe e/ou suas linhagens nobres. Almoços ou jantares elegantes com múltiplas facas, garfos e colheres, e uma série de pratos, servidos laboriosamente, são raros nos Estados Unidos e tradicionalmente limitados a feriados importantes, como talvez Natal ou Ação de Graças, mas em algumas das casas brasileiras que pesquisei parecem ser até um acontecimento banal. Esse tipo de *mordomia*, realmente uma palavra sem uma tradução simples para o inglês, pelos motivos discutidos no subcapítulo anterior, simplesmente parece estranho e até anacrônico para o estadunidense de quase toda classe social. Mesmo que haja *nanny-housekeepers* e *au pairs* residentes nas casas de seus empregadores, as responsabilidades associadas ao cuidado das crianças tornam impossível que elas preparem jantares assim.

Encontrei também uma variedade de outros comportamentos demonstrados por brasileiros empregadores de mensalistas que os distinguem dos estadunidenses. A acumulação sistemática de

---

18 Veja página 82.

pratos sujos durante os fins de semana para que as empregadas os lavassem na segunda-feira foi um fenômeno que observei em diversas situações e que também foi comentado por outros estadunidenses que passaram um tempo em casas brasileiras com mensalistas. Enquanto o estadunidense costuma geralmente oferecer ajuda na faxina depois de uma festa em casa de um amigo ou parente, no Brasil, eu ouvi em inumeráveis situações a seguinte frase: "deixe para a empregada fazer amanhã". Falei com Raquel, 26 anos, de São Paulo, na semana em que a mensalista (não residente) da família dela estava de férias, visitando seus parentes fora de São Paulo (durante uma semana inteira). "A casa está em crise", ela me contou. Muitos pratos e roupas sujos estavam acumulados assim como os membros da família também tinham dificuldades em localizar várias coisas dentro da casa. Essa dependência total na empregada doméstica para quase todo tipo de trabalho braçal dentro de casa é particularmente contrastante com as tendências estadunidenses de valorizar a independência e autossuficiência, sendo aquela característica das famílias brasileiras frequentemente ridicularizada por estadunidenses com os quais discuti as práticas dos brasileiros da classe média diante de suas empregadas domésticas.

Um estadunidense, George, 28 anos, de Connecticut, morou em São Paulo durante mais de três anos, primeiro como aluno fazendo intercâmbio na USP e depois como professor de inglês independente. Suas observações ecoaram os sentimentos que ouvi de outros estadunidenses, de várias classes, que também observaram brasileiros interagindo com as suas empregadas domésticas.

> Morei durante seis meses com uma mulher que tinha uma mensalista. Essa mulher era gorda e foi realmente a filha da puta [*motherfucker*] mais preguiçosa do mundo. Ela simplesmente ficou à toa e a

> empregada ralou o cu [*busted her ass*] trabalhando. Ela tinha tanta merda [*crap*] no apartamento, mas que era bem organizada porque a empregada vinha todo dia para limpar tudo. Ela estava constantemente limpando o lugar. Era um apartamento de dois quartos para uma mulher só, era ridículo... basicamente, ela tinha uma mulher simplesmente limpando toda a sua merda [*shit*], fazendo toda a merda em sua vida que ela não quis fazer para ela mesma.

É possível perceber pela linguagem cáustica do entrevistado que sua visão sobre a empregadora brasileira beirava entre a repugnância e a raiva. Vindo de uma família cristã de uma cidade pequena em Nova Jersey, com pai dentista e mãe política local, o comportamento de sua companheira de casa era quase como se ela tivesse cometido três dos sete pecados capitais – preguiça, avareza e gula – só pelo jeito de se aproveitar de sua empregada doméstica. Ele também comentou sobre uma de suas alunas de inglês de forma interessante:

> A minha aluna Cristina faz campanhas para o PT e tem uma empregada bem bacana. Elas sentam juntas e falam e tal. Mas daí, ela fala de repente para a empregada nos trazer um café; e a empregada é super gentil, vai e traz em uma bandeja. Mas essa empregada faria, então, o almoço para a gente, mas não sentaria com a gente. A Cristina finge ser super radical, mas às vezes eu quero perguntar: 'o que é isso, você tem essas fotos do Che por aqui e ao mesmo tempo essa empregada?' Eu nunca digo nada porque ela é minha cliente e tenho que trabalhar com ela...

Quando cheguei a perguntar para meus amigos brasileiros da classe média que também se identificavam com a esquerda política se eles achavam hipócrita acreditar na igualdade e ter empregadas domésticas, quase todos tiveram uma resposta que remetia à entrevista com a Patrícia, incluída acima (veja página 94), perguntando-me para que bem serviria demitirem as suas empregadas domésticas e viverem sem. Da perspectiva de alguém que se concebe como agente de mudança política, esse tipo de raciocínio parecia problemático para o George, que fazia uma ligação mais direta com suas crenças políticas (tendendo à esquerda, porém não ativamente militante) e suas práticas cotidianas. As ideias de George poderiam ser encontradas na história recente do país no famoso ditado, popularizado nos Estados Unidos, durante os anos 1960, pelos movimentos feminista e de direitos civis: "o pessoal é político" [*the personal is political*]. Os editores da importante revista de esquerda estadunidense *Z Magazine* escreveram sobre o significado que a frase chegou a ter:

> ... o significado da frase [o pessoal é político] foi mais longe, querendo dizer que todas as escolhas que fazemos, mesmo aquelas que parecem totalmente apolíticas e pessoais, têm implicações políticas. A opção de usar maquiagem ou não, assistir TV ou não, comer tal coisa ou não, vestir-se com tal roupa ou não, usar um banco ou não, e assim por diante, é pessoal, mas também é política (*Z Magazine*, 1997, tradução nossa).

É fácil também ver a ligação entre essa ideia e a famosa citação de Gandhi – também influente durante os movimentos sociais da segunda metade do século XX – "Precisamos ser a mudança que desejamos ver no mundo" (BELLACCOMO, 2004, p. 1). Dessa inferência também se conclui como essas ideias políticas reverberam nas rejeições de mordomia de George e também de outros estadunidenses privilegiados que recusaram os vários níveis relativos de mordomia discutidos no subcapítulo anterior. De fato, vários autores já ligaram esse tipo de pensamento Gandhiano ao cristianismo ascético, inclusive o próprio Gandhi: "Eu gosto do seu Cristo. Não gosto dos seus cristãos. Os seus cristãos são tão diferentes do seu Cristo. O materialismo dos países afluentes [dele] parece contradizer as reivindicações de Jesus Cristo, que diz que não é possível venerar ambos, Mamon e Deus, ao mesmo tempo." (REES-MOGG, 2005).[19]

George, um exemplo que se aproxima bem do tipo ideal de estadunidense que toma uma posição ética baseada em uma forma de racionalidade de valores caracteristicamente protestante critica o aproveitamento excessivo de uma empregada doméstica. Tal aproveitamento significa não só uma ação inaceitável, mas também a violação de um código moral que menospreza a avareza, a gula e a preguiça, como foi notado acima.

Ao mesmo tempo, George admitiu na entrevista que era de certa forma atrativa a ideia de ter alguém contratado para fazer tudo que ele não gostaria de fazer na vida. Ao mesmo tempo, porém, ele olhava com desdém para as empregadoras de mensalistas descritas acima. No entanto, em um determinado momento, quando o apartamento dele estava particularmente "sujo e bagunçado", depois da mudança do companheiro e de ter recebido vários hóspedes, deixando sua casa um "desastre total", com o encorajamento e a ajuda da namorada brasileira, ele chegou a contratar uma faxineira por um dia para acertar a situação. Cabe observar que ele insistiu em limpar junto com a faxineira e chegou a cozinhar um almoço completo para ela, insistindo que eles comessem juntos. De forma semelhante aos comportamentos dos empregadores estadunidenses que se sentiam culpados, limpando

19 Outros autores também têm feito ligações entre as atitudes cristãs e gandhianas; veja Woodburne (1932).

a casa ao lado de suas empregadas e faxineiras (inclusive, George notou que sua mãe fazia justamente isso com uma faxineira que vinha a cada duas semanas – veja página 83), o entrevistado demonstrou o que poderia ser interpretado como uma forma de solidariedade de classe. Resistindo com força à imitação dos comportamentos que ele percebe como injustos e característicos de uma classe socioeconômica (e uma cultura estrangeira) com as quais ele não quer se identificar, George promove também uma reflexão sobre determinada racionalidade de valores não necessariamente consistente com suas necessidades materiais imediatas, mas sim motivada por princípios.

Raquel (veja página 99), brasileira que mora na casa dos pais, e se identifica com o PT, mostrou interessantemente uma atitude até parecida com aquela de George, mostrando cada vez mais como a solidariedade de classe – não necessariamente ligada a uma ideologia política coerente, porém talvez mais correlacionada com pessoas que são realmente de classes baixas e médias baixas ou que adotaram ideologias políticas simpáticas a essas pessoas – pode ser uma ótica útil para conceber e entender as diferenças de comportamento sobrepostas em muitas situações nos dois países. Com 26 anos de idade, Raquel nunca experimentou em sua vida não ter empregada doméstica, já que seus pais – um advogado e uma arquiteta – têm mantido uma mensalista, residente ou não residente, desde antes de seu nascimento. Mesmo assim, ela acredita que, ao sair da casa dos pais, ela não contratará uma mensalista, afirmando que "quem quer ter mensalista já [logo depois de sair da casa dos pais] é por causa de status". Raquel também diz que, depois de ter filhos, ela terá apenas uma faxineira e não uma babá:

> Acho que os pais devem ficar com os filhos. Senão os pais acabam ficando muito distantes dos filhos, e

> os filhos estão sendo educados por alguém estranho, que não compartilha os valores deles... O fundamental para criação é entender que tem uma hierarquia na vida. A babá cria, mas também é mandada pela criança. Daí os filhos chegam na escola e maltratam os professores.

Mas a objeção em ter uma babá também se relaciona a uma visão politizada desse papel em uma sociedade moderna, na mesma linha do pensamento de George:

> Babá não é profissão – não tem curso, não tem pessoas que dizem "quero ser babá". Algumas pessoas dizem que a empregada faz parte da família, mas eu não digo isso. Ela almoça na cozinha, não na mesa com a família... A gente finge que ela é "parte da família", os filhos dela brincam com os filhos do patrão... mas aí, quando crescem, é claro que se separam – um vai pra USP, o outro vai trabalhar com 16 anos e nem faz faculdade.

Raquel, porém, não pode ser vista como exemplo da classe empregadora brasileira atual; ela serve mais para demonstrar como, mesmo dentro dessa classe, podem surgir atitudes críticas que poderiam derrubar aspetos das relações de emprego doméstico no futuro do país. Ao mesmo tempo, é claramente possível que essas ideias se modifiquem durante seu envelhecimento, como aconteceu com as empregadoras estadunidenses discutidas acima (veja página 63) – as quais participaram dos movimentos feminista e de direitos civis dos anos 1960 e 1970 e, agora, devido às exigências de suas carreiras ou da necessidade de gerar uma renda dupla para manter a qualidade de vida material que elas esperam, encontram-se como profissionais superatarefadas e como empregadoras reticentes de faxineiras ou de babás.[20]

Fora dessas perspectivas críticas, vale aqui considerar alguns outros aspectos da relação empregador-empregada no Brasil, em contraposição ao que ocorre nos Estados Unidos. Concomitante com a intensidade temporal aumentada existente no serviço doméstico no Brasil, há também várias práticas além daquelas já discutidas (os jantares elegantes e a mordomia acentuada) que são comuns no Brasil e quase inexistentes nos Estados Unidos.

Uma dessas práticas foi destacada por uma entrevistada estadunidense, Molly, que veio morar no Brasil e ficou surpreendida pela preponderância de pisos brancos nas cozinhas e nas áreas de serviço em quase todos os apartamentos razoavelmente novos que ela visitou em São Paulo. Escolhendo não ter faxineira, ela ficou frustrada em ter tal piso no apartamento, devido ao grande trabalho para mantê-lo limpo. De modo perceptível, ela ridicularizou tal escolha como sendo um artefato da cultura do serviço doméstico remunerado do país, apontando que alguém que limpa seu próprio piso não escolheria um modelo que parece estar sujo quase instantaneamente após ser limpo. Em uma casa estadunidense, é muito mais raro encontrar um piso branco na cozinha ou em qualquer parte. O que Molly não sabia era que tais práticas de higiene são possibilitadas apenas pela hierarquia social catalogada há mais de 70 anos por Gilberto Freyre (1933), e também apresentada mais recentemente em perspectiva histórica por Bueno (2007).

20 Talvez, se essas empregadoras reticentes tivessem conseguido estabelecer nos Estados Unidos um sistema de creches públicas de alta qualidade, a situação presente teria sido diferente. Veja Ehrenreich (2003, p. 103) sobre as falhas das feministas ao enfrentar esse problema durante os anos 1960 e 1970.

O uso comum de uniformes para empregadas domésticas mensalistas brasileiras também se destaca como uma grande diferença em relação às *nanny/housekeepers* ou *au pairs* estadunidenses (veja página 74). Da perspectiva de um estrangeiro, essa prática, além de parecer anacrônica, também nos leva a questionar se a asserção comum de que a empregada doméstica brasileira "faz parte da família" é simplesmente uma alucinação. Porém, é importante notar que essa impressão de que a empregada brasileira faz parte da família não é necessariamente uma reivindicação do empregador; no caso da salvadorenha Telma (veja página 87) ou de Elaine (veja página 92), muitas empregadas, especialmente aquelas que cuidam ou cuidaram dos filhos dos empregadores desde que eles eram bebês ou crianças, podem também se sentirem parte da família.

Uma entrevista feita com Eloísa, pernambucana de 49 anos, que trabalhou durante quase duas décadas como empregada doméstica, mostra como a relação entre a empregada doméstica e a família empregadora pode ter um caráter extremamente ambíguo. Observa-se na transcrição da entrevista (uma das minhas primeiras no Brasil) como foi difícil para mim, como estrangeiro, entender exatamente o que era a relação entre Eloísa e a mulher que ela começou chamando de "patroa":

> — ...eu tenho contato com as patroas até hoje, visito elas de vez em quando... eu tive uma união com essas patroas... eu estive em Pernambuco no final do ano, e quando vou na casa dos meus pais, eu visito elas, eu tenho um bom contato... eu fui para casa dela com 9 anos de idade, como uma pessoa que foi para voltar amanhã e fiquei lá...
>
> — E você recebia dinheiro?

— Não não! Eu ficava lá com ela, aprendi muito, naquela época no Nordeste as coisas eram muito difíceis.... Mas eu não tenho do que reclamar, porque foi uma família que praticamente foram meus pais, porque tudo que eu aprendi para entrar no mundo...

— Uau. E eles começaram a dar dinheiro para você?

— Eles me ajudaram muito com roupa, tudo que eu precisava eles davam, aí eu vivia como uma filha da casa.

— Mas trabalhando mais do que os outros filhos?

— Não.

— Não?

— Lá não tinha diferença.

— Mas você era empregada doméstica?

— Olha, eu sempre vejo assim, na casa dos outros, nunca é igual na casa da gente. A patroa dizer que tem você como filha, boba é aquela que acredita, porque vai ser sempre doméstica. Agora, a relação entre nós a gente procura manter um relacionamento bom... tratar bem todo mundo.

— Mas...

— Mas o aprendizado de doméstica foi lá.

— Quando você começou a ganhar dinheiro?

— Eu comecei a ganhar dinheiro quando eu saí de lá com 17 anos, aí eu fui para Caruarú já para trabalhar como doméstica.

> — Mas dos 9 até os 17 você ficou como filha adotada ou empregada?
>
> — Olha, eu acredito que...
>
> — Ou alguma coisa entre essas duas coisas?
>
> — Olha, nem uma coisa nem outra, adotada não considero...
>
> — Agregada da família?
>
> — Uma pessoa muito próxima, tanto é que eu tinha a minha família que ia na casa dela.

Embora essa história tenha acontecido entre os anos 1960 e 1970, com certeza ainda existem vários casos parecidos no Brasil atual, com maior concentração no Nordeste e no Norte do país, mas também no estado de São Paulo. Dados da Pesquisa Nacional de Amostra de Domicílios (PNAD) de 2006 mostram que há 170 mil menores de 16 anos no emprego doméstico, além de 404 mil menores de 18 anos. Analisando os dados detalhados, Wasserman, repórter da BBC Brasil, escreve:

> Os números do IBGE indicam que o rendimento médio do trabalho infantil doméstico é de pouco menos de meio salário mínimo, mas são comuns os casos em que a criança, ou adolescente, trabalha em regime de semiescravidão, em troca apenas de um prato de comida ou de um lugar para dormir (BBC BRASIL, 2006b).

Pior ainda, Wasserman relata que entre essas empregadas domésticas jovens na região Norte do país, 21% são abusadas sexualmente pelos empregadores. Ressaltando a importância da visão moral no tratamento da empregada doméstica, Wasserman aponta que a percepção da realidade econômica pela parte do empregador influencia quais tratamentos são considerados aceitáveis.

> Culturalmente, essas famílias consideram estar ajudando crianças de famílias pobres ao oferecer 'oportunidades' que elas não teriam se continuassem com suas famílias de origem, como o acesso a estudo de melhor qualidade, além de moradia e alimentação decentes (...). Um levantamento publicado em 2000 pela Organização Internacional do Trabalho (OIT) e pelo Instituto de Pesquisa Econômica Aplicada (Ipea) indica que 32,8% das meninas de 10 a 16 anos no serviço doméstico não frequentavam a escola – índice que chegava a 39,2% na região Nordeste (Ibid.).

Uma das minhas entrevistadas, Verônica, paulistana morando em São Luís do Maranhão por causa do trabalho do marido que é médico, contou-me que, logo depois de chegar a São Luís, uma menina de 14 anos veio à sua porta pedindo trabalho de empregada doméstica. Essa menina, recentemente chegada do interior do estado, pedia só moradia e R$ 50 por mês para trabalhar de mensalista em tempo integral. Verônica, com formação universitária em São Paulo, não aceitou a proposta; ela contratou a menina, mas insistiu que ela estudasse e também pagava um salário mínimo para ela. Porém, o simples fato de que a menina fizesse essa proposta indica que seu nível de desespero devia ser extremo.

Enquanto não encontrei tais tipos de histórias na capital São Paulo, outro artigo da BBC Brasil sobre preconceito contra empregadas expresso na internet me fez refletir sobre algumas observações casuais levantadas com filhos jovens de empregadores em São Paulo. Salek (2006b) relata no artigo que "Há mais de 600 comunidades dedicadas a empregadas no site [Orkut], e a grande maioria aborda a profissão de forma negativa". As postagens do site revelaram que os comentários que eu tinha ouvido dos filhos adolescentes de uma família empregadora, com duas mensalistas, de Pinheiros, não eram anômalos, mas talvez indicadores de uma atitude altamente preconceituosa, comum entre jovens da classe média contra as mulheres que preparam suas comidas, lavam suas roupas e até os criam.

> Nas comunidades, internautas descrevem, em tom de piada, situações em que empregadas domésticas são vítimas de violência, preconceito, assédio sexual, entre outros abusos. Em um tópico de discussões, "Maldades com a Empregada", um internauta descreve que, quando era adolescente, fechou a janela enquanto a empregada a limpava do outro lado. Resultado: "ela caiu do primeiro andar, mas só quebrou o braço", escreveu o internauta (Ibid.).

Enquanto essa situação foi extrema, os seguintes trechos tirados do Orkut não me surpreenderam tanto, depois de ouvir dos adolescentes privilegiados que regularmente referiram-se a suas empregadas domésticas usando palavras como "idiota", "burra" e "estúpida" para reclamar sobre algum aspecto da personalidade ou do serviço delas.

> O moderador de uma comunidade pede que os participantes descrevam suas empregadas com três palavras. Em meio a algumas referências elogiosas, a maioria é ofensiva. "Velha, burra e lerda", diz uma. "Paraíba, burra e trouxa", diz outra.

Interessante que alguns desses comentários vistos no site mais pareciam com o jeito com que um irmão aterrorizaria o outro mais jovem. Ao mesmo tempo, a natureza das falas abusivas parece ultrapassar, em alguns casos, o tipo de violência comum entre irmãos.

> "Aqueles cabelos, ninguém me tira da cabeça, foram feitos para a gente poder puxar de raiva", escreveu a integrante de uma comunidade. Em outra, que fala de sexo com empregadas, um internauta adolescente pede dicas sobre como conseguir relações sexuais com sua empregada (Ibid.).

Aqui, vale citar um trecho do livro *A Aventura de Ser Dona de Casa* de 1975:

> ...grande proporção das serviçais que se apresentam nas nossas portas não têm as mais rudimentares noções da profissão que pretendem exercer. São um festival de incompetência que as patroas, com maior ou menor paciência, maior ou menor habilidade, têm que domesticar, às vezes domar como um bicho bravo (KAUFFMAN, 1975 apud KOFES, 2001, p. 354).

Esse tipo de atitude mostra a perspectiva de um empregador adulto que complementa a imagem de uma família que geraria filhos com atitudes como aquelas vistas acima. Ao mesmo tempo, Wasserman notou que, embora menos populares, existem também comunidades no Orkut que promovem a louvação das empregadas domésticas. Barbosa (BARBOSA, 2000, p. 101) apresenta, do ponto de vista da empregada mensalista residente, como pode ser vista uma empregadora com tal forma de abordagem:

> Contudo, nos relatos dessas trabalhadoras é perceptível uma confusão de valores em relação aos patrões. Ao mesmo tempo em que sabem que estão ali em razão dos serviços que executam, e por eles são remuneradas, não vêem os donos da casa apenas como patrões, mas também acolhedores de retirantes que necessitam, além do trabalho e salário, da alimentação e da dormida. Os termos "quase da família", "foi como uma mãe para mim", "era como se fosse da casa", "me tratam como gente da família" são representativos das manifestações de familiaridade e afetividade que muitas vezes ocorrem entre patrões e empregadas.

É assim que a posição da mensalista brasileira se encontra – no meio de um jogo complexo que pode parecer, de um lado, como uma saída bem-vinda de uma situação de precariedade rural ou urbana quase insuportável, mas de outro, uma condição com muitos problemas e riscos. A situação precária da mensalista perante o mercado de trabalho coloca-a em uma situação de vulnerabilidade, podendo ter que enfrentar de novo uma situação de busca prolongada de trabalho caso haja alguma disputa com o empregador, como discutido acima. Os salários baixos das mensalistas e o baixo índice de formalização da ocupação dificultam os investimentos em avanços de carreiras; e, com a falta de educação formal que a maioria tem, é difícil realmente acreditar que muitas delas pudessem, mesmo com bastante esforço, conseguir desempenhar empregos que exijam qualificações acadêmicas ou técnicas.

A relação específica entre empregador e empregada doméstica que essa situação real acaba criando é caracterizada pela fraqueza da empregada e sua dependência quase total em relação à família empregadora. Os empregadores têm assim o poder de criar basicamente qualquer tipo de relação que queiram com suas empregadas domésticas, podendo exigir que elas aceitem salários baixos com aumentos infrequentes e também que desempenhem serviços quase sem limites. Acordando antes da família para preparar o café da manhã e dormindo só depois de retirar e limpar os pratos do jantar, as mensalistas brasileiras podem acabar realmente perdendo suas identidades fora do serviço, bem no modelo do *servant* antigo de Coser. O empregador que "acolhe" (usando a linguagem de Barbosa) esse tipo de empregada tem liberdade quase sem limites de determinar até que nível vai levar esse processo, que pode ser experimentado tanto como um *resgate* da empregada da situação em que se encontrava antes do emprego tanto como uma *captura*, que oferece vantagens, mas em longo prazo acaba sendo uma relação corrosiva para a empregada.

Empregadores como Verônica e Raquel mostram que há certa inquietação com relação às relações abusivas entre empregadores e empregadas domésticas. Consegui entrevistar também uma meia dúzia de outros empregadores brasileiros que demonstraram vontade de mudar a cultura do emprego doméstico no país, e que estão começando, pouco a pouco, com as relações dentro de suas próprias casas. Também, como mostrado no capítulo anterior, embora a porcentagem de empregadas domésticas na força de trabalho geral ainda esteja aumentando, há uma tendência recente em ter menos empregadas mensalistas e residentes, e mais diaristas. É impossível dizer nesse momento se essa tendência se deve a uma mudança nas preferências do empregador, na oferta de trabalho ou na estrutura de mercado devido aos aumentos recentes no salário mínimo. Na próxima parte desse capítulo será considerada a diarista, e como tal forma de emprego doméstico difere daquela da mensalista, tanto em termos formais como em termos das relações entre empregador e empregada. Nos capítulos seguintes, voltarei outras vezes à discussão da mensalista brasileira, considerando-a em perspectiva histórica (veja página 128) e como questão moral (veja página 165).

A diarista independente "freelancer" no Brasil e os EUA

Conforme as estimativas de Ehrenreich (2003, p. 92-93), e como foi constatado por minhas próprias observações, a maioria das empregadas domésticas nos Estados Unidos hoje são as diaristas independentes, conhecidas como *housecleaners*, *housekeepers* e – mais informalmente – *cleaning ladies*. Como foi discutido antes, no Brasil, parece que, enquanto a categoria continua a ser uma pequena minoria se comparada com as mensalistas, as diaristas talvez estejam crescendo (veja página 50). De todas as categorias de emprego doméstico discutidas nesse texto, aquela da diarista é a que tem menos diferença nos dois países.

Estruturalmente, o trabalho da diarista, e também a análise de custos e benefícios do emprego, comparado com os outros tipos de emprego doméstico, do ponto de vista da empregada e do empregador, é quase igual nos dois países. Para a diarista estabelecida, que pode trabalhar às vezes em mais do que uma dezena de casas em um dado mês, essa forma de emprego doméstico pode pagar até três ou quatro vezes mais do que o salário de uma mensalista, em ambos os países.[21] Uma outra vantagem que a diarista tem é que, caso ela tenha um empregador difícil ou abusivo, ela pode deixá-lo e só perder uma pequena porção da sua renda; às vezes, é possível também ir atrás de sua rede de contatos com outros empregadores para repor imediatamente o empregador deixado. A diarista também tem outro beneficio não totalmente generalizado, porém importante: o seu trabalho depende mais da conclusão de uma série de tarefas do

21 Cálculo feito com base nas minhas entrevistas e compilação informal de dados sobre salários nos dois países.

que de passar um determinado número de horas na casa do empregador. Isso significa, em muitos casos, que se ela aumentar sua eficiência no próprio trabalho, ela pode sair do emprego mais cedo e usar o tempo para ela mesma. Desde Coser até Ehrenreich (veja página 125), vários autores comentaram que essa forma de emprego doméstico é a versão mais "moderna" e civilizada do emprego doméstico, oferecendo para a empregadora mais independência do empregador e controle da sua situação (ANDERSON, 2000, p. 48).

Ao mesmo tempo, há uma série de aspectos negativos do emprego doméstico da diarista. Primeiro, há o problema óbvio que é a barreira de entrada no mercado; enquanto a vida de uma diarista estabelecida pode oferecer todos os benefícios acima, pode ser difícil se estabelecer nesse mercado, ainda mais se a empregada estiver recém-chegada na cidade onde ela pretende trabalhar. O investimento inicial de tempo e, às vezes, de dinheiro (para anúncios, flyers ou registro em uma agência) para organizar o número necessário de clientes para garantir a sobrevivência pode ser considerável.

Paula, 28, diarista brasileira trabalhando na região de São Francisco, Califórnia, há pouco mais de um ano, teve que trabalhar de "help" quando chegou nos Estados Unidos, acompanhando outras faxineiras e fazendo as piores partes do serviço, ganhando apenas uma pequena porção do pagamento do empregador:

> Então, eu trabalhei uns três meses; a minha prima tem quatro casas; uma dessas casas é semanal, as outras eram quinzenais. Então, o dia que ela tinha as casas, eu ia com ela, porque o que ela me pagava compensava mais eu ir com ela do que eu trabalhar o dia inteiro pra ganhar oitenta e me matar pra uma pessoa. Então, nesse dia que ela tinha casa, eu ia com ela, ela me levava; e aí veio, ela falou pra mim fazer meus *flyers* e eu tenho muita vontade de aprender inglês, tá muito

> difícil, aí eu comecei a ir pra escola e minha prima fala inglês, ela tá aqui desde os seis anos, a filha do Marquinho, ela tá aqui desde os seis anos, hoje ela tem treze, então ela fala inglês muito bem [sic].

Dos US$ 80 que a prima de Paula recebia por cada casa, ela pagava US$ 20 ou US$ 25 para Paula, e foi assim que ela aprendeu as técnicas de limpeza e as expectativas dos empregadores estadunidenses. Quando perguntei à Paula se gostava do trabalho, ela falou que sim, gostava, porém relatou que esse processo de se estabelecer e se manter fora do Brasil fora difícil. Ela chegou à Califórnia atravessando a fronteira com o México a pé, uma experiência extremamente traumática. Além disso, Paula deixou a filha de nove anos em Goiânia com a tia e o irmão para poder ir para os Estados Unidos. A própria mãe da Paula, que foi empregada doméstica durante muito tempo, tinha falecido alguns anos antes da partida de Paula para os Estados Unidos. Mesmo já tendo se estabelecido na época em que eu a entrevistei, limpando duas casas por dia, "quase todo dia", Paula não se sentia muito bem longe da família e dos amigos:

> — A única coisa que aqui é muito difícil é que não se tem amigos. Ainda mais que o brasileiro conhece sempre brasileiro, às vezes, quando sai pra procurar... eu mesma aqui eu não saio, né? Minhas amigas têm namorado, são casadas e eu não tenho muitas amigas, porque brasileiro aqui só quer comer o olho do outro.
>
> — Como? Comer o olho?
>
> — Imagina eu comendo o seu olho. É ficar de olho no que você tem, eu quero ter mais que você, eu preciso ganhar mais que você.

Essa experiência de alienação social que Paula experimenta como diarista nos Estados Unidos mostra como a falta de uma relação emocional, que talvez pudesse ter vindo parcialmente de um empregador, caso ela tivesse um trabalho de mensalista, poderia ser considerada como um dos custos iniciais do estabelecimento de uma diarista em uma cidade nova, talvez uma experiência que ela poderia ter tido de forma menos extrema se ela tivesse vindo de Goiás para São Paulo. A despeito de ter parentes e conhecidos na Califórnia, acabou sendo mais difícil do que o esperado, ou seja, inserir-se em uma comunidade real – mesmo que, na chegada, ela tenha ficado brevemente em uma casa com outras onze pessoas.

Juliana, 40, diarista de uma pequena cidade rural de Minas Gerais, veio para São Paulo com 17 anos também sem muitas raízes na cidade. Teria sido totalmente inviável para ela se lançar na carreira como diarista, já que ela precisava urgentemente – como muitas empregadas domésticas mensalistas residentes – resolver o problema de moradia e também de emprego ao mesmo tempo. Ela trabalhou como mensalista com várias famílias e percorreu um caminho mais ou menos clássico para uma empregada doméstica nos dois países. De mensalista residente, ela mudou para sua própria casa e virou mensalista não residente; posteriormente, fez a transição para diarista, continuando, a princípio, a trabalhar três dias por semana na casa da família da qual ela tinha ajudado a criar os filhos. Paulatinamente diminuindo a intensidade de serviço naquela casa para um dia por semana, Juliana ia acumulando outros clientes ao mesmo tempo. Em São Paulo, provavelmente devido à grandeza da cidade e ao preço relativamente menor dos serviços da diarista, não consegui achar faxineiras que, como Paula em São Francisco, limpavam mais de uma casa em um só dia. Também não achei nenhum caso da prática de levar aprendizes de "help", descrita acima por Paula.

Juliana, porém, também comentou sobre um aspecto complicado do trabalho de diarista, o qual Paula também experimentou: a necessidade quase constante de estar bem organizada e repor clientes velhos com clientes novos regularmente. Esse trabalho administrativo pode virar especialmente complicado quando empregadores viajam durante um tempo e não esperam ter que pagar a diarista durante a viagem. Esse tipo de precariedade específica à diarista não se compara com a situação de dependência total em relação a um empregador experimentada por uma mensalista, que apresenta outros problemas relacionados.

Trabalhando como autônoma, a diarista no Brasil geralmente não tem nem carteira assinada nem vínculo empregatício formal com nenhum de seus empregadores. Nos Estados Unidos, sendo que a grande maioria das diaristas vive ilegalmente no país (veja página 54), a situação é igual e, nos dois países, tem basicamente o mesmo efeito. As diaristas assim têm pouca proteção legal no caso de abusos graves ou ferimentos ocorridos no trabalho. Em geral, elas acabam não contribuindo para o INSS, o FGTS ou os equivalentes estadunidenses de *Social Security* e *unemployment insurance*,[22] o que significa que quando elas tiverem que parar o serviço devido à saúde ou à idade, não vão ter acesso às proteções que uma mensalista com carteira assinada ou registrada legalmente nos EUA teria. Enquanto certos empregadores de mensalistas pagam planos de saúde para as suas empregadas, ou pelo menos oferecem ajuda financeira no caso de um problema sério de saúde, é quase impossível achar esse tipo de tratamento por parte de um empregador de uma diarista.

22 Se fossem cidadãs, poderiam contribuir; se fossem residentes ilegais no país, nem teriam a opção.

Pelo lado do empregador, também há certo equilíbrio de custos e benefícios que leva alguém a contratar uma diarista. Em termos de mordomia geral, obviamente, a diarista não se compara com os benefícios oferecidos por uma mensalista: serviços diários de lavanderia, limpeza, cozinha e até administrativos, como atender a porta e o telefone, receber visitantes com café e fazer compras. Mesmo assim, como foi descrito nos capítulos anteriores, muitos empregadores – mais nos EUA do que no Brasil – que têm o poder aquisitivo necessário para contratar mensalistas acabam pagando muito mais por hora de trabalho para contratar diaristas. Um dos principais motivos para escolher uma diarista em vez de uma mensalista, com certeza, na maioria dos casos, é o simples fato de que o gasto total é menor. Ao mesmo tempo, empregadores também incluem outros fatores nessa decisão.

Como foi discutido acima (veja página 78), empregar uma mensalista pode implicar uma série de responsabilidades, sejam legais ou morais (dependendo do caráter do empregador, obviamente), que são realmente custos a serem considerados por qualquer pessoa que queira contratar uma empregada doméstica. A diarista pode parecer uma boa opção se considerada entre um grupo de outros empregadores da pessoa; o empregador se percebe como tendo menos responsabilidades pelo bem-estar da sua empregada. Embora pagando mais por hora, o empregador da diarista acaba não tendo que se preocupar com questões como os impostos sobre o trabalho da empregada, a aposentadoria ou o plano de saúde dela. Além disso, a responsabilidade emocional que vem em aceitar uma nova pessoa na casa da família – um custo talvez mais difícil para os estadunidenses, que em muitos casos não conseguem se comunicar fluentemente com suas mensalistas – não existe no caso da diarista.

O outro benefício importante de contratar a diarista em vez da mensalista – raciocínio que ouvi muito mais entre os estadunidenses e os jovens brasileiros – é a manutenção da privacidade pessoal do empregador. Um ex-empregador estadunidense, Stewart, 60, disse que "a gente não gosta de sempre ter alguém nos pés". Essa ideia de que a empregada doméstica representa uma invasão da privacidade da casa é uma diferença que acho importante destacar entre os dois países. Além disso, a maior diferença entre a relação empregador–diarista nos dois países é a de que, enquanto o empregador brasileiro consegue facilmente mandar a empregada fazer as tarefas da casa, o empregador estadunidense em muitos casos fica profundamente incomodado, e sente-se até incompetente, em desempenhar seu papel de chefe dentro de sua própria casa.

De forma semelhante aos comportamentos dos estadunidenses empregadores de *au pairs* (veja página 84), os empregadores de diaristas acabam mostrando evidência dos mesmos sentimentos de culpa, confusão e ambivalência sobre a contratação da empregada doméstica. Em uma entrevista coletiva com Stewart e Caroline, que já empregaram uma série de *au pairs* e diaristas, eles revelaram muito sobre as atitudes de tais empregadores:

> Stewart: Cada vez que a gente chamava uma faxineira, primeiro você limpava a casa antes dela chegar, e depois você limpava junto com elas. Foi como se ela fosse a sua assistente.
>
> Caroline: Todo mundo organiza antes da faxineira chegar. Você quer que elas limpem os rodapés, limpem as lâmpadas, os pisos.

Cheguei a confirmar em outras entrevistas e em conversas informais que a prática de limpar antes da faxineira chegar é de fato comum entre empregadores na Califórnia e também em Nova Iorque, muito ao contrário da prática comum do brasileiro que deixa os pratos sujos acumularem para a empregada limpar (veja página 99).[23] A prática de limpar junto da empregada parece ser menos comum, porém ainda observada em muitos lugares, principalmente com mulheres que não trabalham fora da casa, e que participam ou participaram dos movimentos feministas e de direitos civis. A outra prática relacionada é a inabilidade do empregador de se manifestar caso haja algum problema com o serviço desempenhado pela empregada. Hondagneu-Sotelo recolheu entrevistas reveladoras e fascinantes de empregadoras em Los Angeles, as quais demonstraram ser essas práticas motivadas pelo que ela chama de "*liberal guilt*" [culpa liberal], um termo comum usado para descrever burgueses da esquerda (liberal nos EUA significa, geralmente, de esquerda) que pensam e agem baseados em um sentimento de culpa por seus privilégios:

> Nora Powers, que tinha empregado várias faxineiras ao longo dos últimos trinta anos, reclamava que as faxineiras ao longo do tempo começavam a negligenciar as tarefas mais pesadas (passar o aspirador, esfregar o chão, passar cera nos pisos de madeira) em favor do trabalho mais leve (como tirar o pó dos livros). Isso incomodou a ela, porém, ela às vezes não se manifestara. Quando perguntei a ela por que não comentava com aquelas faxineiras, ela disse: "Elas mais ou menos tomam o controle, e eu só – estou com vergonha. Eu não gosto de ser crítica e não gosto de desempenhar o papel de chefe. Eu dou uma

23 Vale notar que também em muitos restaurantes e cafés nos Estados Unidos, muito mais de que no Brasil, é comum o próprio cliente levar os pratos ou copos sujos para o balcão ou para um receptáculo ao lado do lixeiro a fim de facilitar o trabalho dos trabalhadores no restaurante.

> indireta como 'Hmm, os pisos parecem um pouco estranhos'. Mas não quero pensar sobre isso. Não estou em cima de tudo todo o tempo. E daí as coisas pioram" (HONDAGNEU-SOTELO, 2001, p. 161, tradução nossa).

> Nora ficou claramente incomodada em dar comandos, indicações ou mesmo diretrizes gerais. Como uma mulher judia que ainda se identifica profundamente com o movimento de direitos civis e a política progressista, ela tem uma consciência social de esquerda que militava contra ser "a chefe" de mulheres de uma classe mais baixa que a dela e de grupos raciais subordinados. Várias vezes, ela fez menção ao medo da retribuição que a proibiu de dar ordens: "É como se eu tivesse medo do que elas vão gritar ou com medo do que elas vão dizer: 'Então, é você que é a chefe, sabe, e você é uma hipócrita, porque você não acredita em chefes e daí aqui está você, sabe, eu sou pobre e você tem bastante dinheiro. Eu tenho tão pouco e você tem uma casa linda, e pode alugar ajuda, e eu sou um ser humano'". Embora ninguém nunca tenha realmente *dito* alguma coisa assim para ela, a mera possibilidade de tais sentimentos serem manifestados continuou impedindo-a de pedir o que ela queria (Ibid., p. 162, tradução nossa).

Embora, talvez, seja difícil para o brasileiro acreditar, esse tipo de comportamento tímido diante da empregada se manifesta com muita frequência nos Estados Unidos, muito além do que foi observado pelo autor no Brasil. Além de ser um simples artefato da culpa, eu adicionaria à explicação de Hondagneu-Sotelo o que comentei no início desse capítulo – que, devido às grandes transformações socioeconômicas que o país experimentou nos últimos vinte anos, a maioria de empregadores hoje nos Estados Unidos não cresceram com empregadas domésticas, e nunca aprenderam como realmente "*serem servidos*" (veja páginas 80 - 82).

Sobre evitar estar em casa enquanto as faxineiras trabalham, uma prática que Hondagneu-Sotelo afirma ser ainda mais comum do que limpar junto da faxineira, a autora escreve o seguinte, falando especificamente de empregadores que não trabalham fora de casa:

> Alguns marcavam reuniões, tinham encontros para almoçar, ou faziam tarefas fora de casa [*errands*] nos dias em que as faxineiras chegam, e outros se retiravam para o escritório na casa [*home office*] ou para a sala de estudos. Independente do que eles fizessem, quase todos relataram que se sentiam incomodados com a presença de alguém limpando suas casas. Ou se sentiam culpados com uma mulher menos privilegiada limpando sua casa, tinham medo de estar atrapalhando as faxineiras, ou sentiam que as faxineiras se intrometiam em sua privacidade... Muitas disseram que se preparavam para o "dia da faxineira" [*"cleaning lady's day"*], tirando a bagunça dos balcões e mesas, talvez verificando o estoque de produtos de limpeza, e daí mantendo-se afastadas (Ibid., p. 163, tradução nossa).

Sobre as mulheres que limpam junto com as faxineiras, ela também verifica a prática e a raiz (talvez a raiz mais superficial) do sentimento de culpa:

> "...se eu estiver em casa, eu estarei do outro lado, arrumando a cama, ou vou pegar as toalhas, e estarei

> limpando enquanto ela tiver no banho." Ela desempenha a atividade não para assegurar que o trabalho seja bem feito, ou feito eficientemente, mas mais para evitar a aparência de preguiça. O trabalho de uma dona de casa envolve, entre outras coisas, domesticidade como exibição. "Me sinto culpada não fazendo nada enquanto ela tiver aí, então preciso fingir fazer alguma coisa." (Ibid., p. 163, tradução nossa).

Outra empregadora que eu entrevistei, Gertrude, 89, de San Francisco, cresceu tendo uma mensalista em casa e empregou uma singela *nanny* durante quase vinte anos, a qual ajudou a criar seus dois filhos. Agora ela tem diarista quinzenal e quando, às vezes, ela acaba ficando em seu apartamento nos dias em que a diarista vem, ela geralmente tenta evitar estar na mesma sala com ela. Helena, a diarista, veio da Nicarágua há mais de dez anos e trabalha para Gertrude durante quase todos esses anos, porém ela quase não fala o inglês ainda. Comunicando-se com gestos e, de vez em quando, por meio de uma ligação para o marido de Helena, que fala inglês razoavelmente, Gertrude demonstra uma outra característica comum entre empregadores de diaristas nos Estados Unidos: ela não sabe quase nenhum detalhe sobre a vida da Helena, nem o próprio sobrenome dela. Gertrude disse que uma vez achou que a diarista tivesse comunicado a ela a conquista da cidadania estadunidense, porém, mesmo assim, a empregadora faz o pagamento apenas em dinheiro e não sabe onde Helena mora. Ao mesmo tempo, ela já conseguiu vários outros empregadores para a diarista e claramente tem um papel enorme na vida dela.

Hondagneu-Sotelo confirma que esse tipo de relação é comum, citando uma entrevista com um empregador que deu a chave de sua casa a uma faxineira, cujo sobrenome ele ficou sem saber durante os primeiros quatro anos de trabalho. A autora aponta que essa combinação estranha de confiança e distância é possibilitada pela rede de empregadores – como no caso de Gertrude e Helena, para o empregador que Hondagneu-Sotelo entrevistou e muitos outros, a diarista veio com uma indicação de alguém próximo e, assim, ganhou a confiança do empregador transitivamente (Ibid., p. 79).

Os paralelos com o Brasil nesse último fenômeno são interessantes, mas há ainda uma grande diferenciação entre os dois países. Embora fosse raro encontrar um empregador em São Paulo que conhecesse a casa de sua empregada, o simples fato de falar a mesma língua, com certeza, muda a relação, e muito. Além disso, muitas diaristas com quem falei e empregadores de diaristas confirmaram que mesmo que as relações não sejam tão íntimas quanto no caso de mensalistas, muitas diaristas no Brasil acabam desenvolvendo relações emocionais com seus empregadores, conhecendo os amigos deles, fazendo amizades e se envolvendo em redes complexas de empregadores e empregadas parentes e amigos. Ao mesmo tempo, para empregadores brasileiros que valorizam sua privacidade ou que não desejam ter tanta intimidade com uma empregada doméstica, a diarista é uma opção frequentemente escolhida.

Com esse breve retrato das relações entre empregadores e suas empregadas diaristas, espero ter mostrado claramente como tal opção de emprego – que prevalece nos Estados Unidos e é cada vez mais comum no Brasil – representa uma forma de emprego doméstico que tende a exemplificar as características de um emprego mais "moderno", "racional" e "capitalista" do que o caso da mensalista, e particularmente da mensalista residente na casa dos empregadores. Dispondo de um grau de controle muito mais alto das condições do trabalho, do salário, das horas trabalhadas e das tarefas desempenhadas, a diarista, particularmente a diarista que consegue se estabelecer no mercado e acumula a massa crítica de empregadores que pagam razoavelmente bem, pode em ambos os países acabar conseguindo poupar dinheiro, apoiar uma família, e até em alguns casos, comprar bens imobiliários. Ao mesmo tempo, o caminho para conseguir tal nível de sucesso e estabilidade no emprego pode ser longo, e caso haja transtornos na economia geral, as oportunidades de encontrar empregadores capazes e dispostos a pagar bem podem se tornar inadequadas. Por outro lado, depois de chegar a um certo nível de estabilidade, a diarista não tem muitas opções de saída ou melhoria dentro da profissão. É extremamente improvável que ela consiga uma aposentadoria confortável e, quando ela envelhece ao ponto de não poder mais trabalhar, ela pode virar extremamente vulnerável e dependente de filhos ou outros parentes. Também no caso de problemas de saúde, gravidez, ou diante da necessidade de cuidar de um parente doente ou idoso, a diarista não tem a opção, como teria talvez uma mensalista ou certos tipos de trabalhadores em situações formalizadas, de simplesmente pedir ao empregador uma licença regulamentada para atender tal necessidade. Para resumir, da perspectiva da diarista, o emprego oferece uma renda maior do que qualquer outro tipo de trabalho doméstico, mas também precisa de um investimento de tempo – entre meses e anos – para chegar a ter uma certa estabilidade de renda. Pelo lado negativo, se ela não tiver acumulado reservas de dinheiro, ela pode ficar em uma situação de precariedade extrema, sendo uma trabalhadora autônoma com o único recurso sendo seu próprio corpo, e nenhum empregador com responsabilidades legais (ou talvez morais) para cuidar dela em casos de crises inesperadas.[24]

---

24 Essa situação se concretizou, para mim, quando a minha faxineira em São Paulo chegou, certo dia, em meu apartamento 1h30 depois do horário em que ela normalmente chegava. Essa mulher – 15 anos mais velha do que eu – chegou para mim com uma carta oficial do professor de seu filho, explicando que ela precisava passar em sua escola de manhã para discutir alguns dos seus problemas acadêmicos. Visivelmente nervosa na minha frente, percebi

Pelo lado do empregador, a "modernidade" da contratação da diarista é talvez mais atrativa. Sem quase nenhuma responsabilidade legal com essa trabalhadora, o empregador compra o serviço da diarista como se fosse uma mercadoria. No caso das pessoas que fazem questão de sair de suas casas no dia da faxina, é possível que elas passem meses sem se encontrar com a faxineira, de modo que os empregadores deixam sempre o dinheiro na mesa, assim como as crianças o fazem com biscoitos e leite para o Papai Noel, voltando para uma casa magicamente limpa. Esse tipo de trabalho invisível ao comprador e totalmente precário para o trabalhador é característico das mudanças no mercado de trabalho geral nos países neoliberalizados, como os Estados Unidos e o Brasil, passando todo o risco para o próprio empregado e eliminando todas as obrigações do empregador. Ao mesmo tempo, é uma forma de emprego doméstico que representa ainda mais esse nova ordem econômica moderna: o *professional cleaning service*.

O *professional cleaning service*: o auge da racionalidade doméstica

Nas casas da classe média brasileira que aproveitam dos serviços de uma só empregada doméstica há muitos anos, ou décadas, parece existir em vários casos uma certa espécie de orgulho por ter tido tal pessoa como empregada há tanto tempo, tema que deve ser familiar ao leitor brasileiro da classe média. Pelo lado estadunidense, embora seja muito mais raro encontrar uma família que tenha uma empregada doméstica durante mais do que alguns anos, prevalece a concepção sobre a suposta mobilidade que o serviço

---

naquele momento a forma angustiante de poder que eu e os seus outros empregadores tinham sobre ela.

oferece, o que faz com que, para um estadunidense, mesmo alguém que já tivesse tido ou tenha uma faxineira ou empregada, defrontar-se pessoalmente com a situação brasileira, em que uma família emprega a mesma empregada doméstica há décadas, pode causar um desconforto material. Os estadunidenses com os quais eu conversei, que tiveram a oportunidade de passar tempo nas casas de famílias brasileiras de classe alta, sempre expressaram uma certa tristeza ao ver que a vida inteira de uma pessoa tenha sido completamente consumida a serviço de uma outra família.

Interessante que o mesmo sentimento foi expresso claramente pelo jornalista e blogueiro brasileiro Gustavo de Almeida. Ele imagina, no contexto de um ensaio crítico sobre a instituição da empregada doméstica, um novo arranjo de trabalho apresentado como se fosse uma ideia fantástica e utópica:

> Outro dia, em uma caminhada com Marcele F. aqui pelas cercanias de nosso lar, conversávamos sobre as relações servis da humanidade, mais precisamente sobre a herança colonial que é a família "ter uma empregada ou babá de família". É quase como aquela história de pré-lei do Ventre Livre, a filha da "negra" continua na mesma senzala, a vida é dedicada àquela família, e toda empregada, ao envelhecer, vira "babá". "Está conosco há 45 anos". A sorte é que, simples, sem formação educacional (algo normal em um país desigual), a maioria dessas pessoas não para, e quando se dá conta: "estou há 45 anos com essa família, e aí? E a minha família? E eu?". Empregada tem aumento. Mas nunca promoção. Vira babá assim como rato morre e vira morcego (nas lendas dos pescadores que conheço, claro). O ideal, para mim, seria a existência de empresas com pessoas de carteira assinada, seguro contra furtos, alto grau de especializa-

ção, com preços em conta. Tabela do Plano 1: por R$ 75, faxina completa, com roupas passadas e banheiro esterilizado. Plano 2: por R$ 65, sala, quarto e cozinha, incluindo louças da orgia da noite anterior (...). Plano 3: por R$ 40, sala e quarto. E guardamos os CDs nas capas certas. Plano 4: por R$ 30, lustramos seus sapatos e te damos um dinheiro para a passagem. E por aí vai. (ALMEIDA, 2007).

Figura 6: Propaganda para atrair interessados em abrir franquias dos Merry Maids, um dos maiores do professional cleaning services nos EUA. Note que, no gráfico, há números crescentes de casais com dupla-renda, pessoas de idade e mulheres na força de trabalho. Há franquias também no Reino Unido, no Japão, em Hong Kong, nas Filipinas, na Malásia e na Coreia do Sul. Faz parte da maior empresa do ramo, a "ServiceMaster", comprada em 2007 por USD 5.5 bilhões.

Enquanto não seja possível dizer se Almeida sabia, quando escreveu tal comentário social, que, desde os anos 1970, empresas trabalhando nesse modelo começaram a tomar uma grande proporção no mercado de faxina nos Estados Unidos, atualmente o conceito tornou-se uma indústria que gira cerca de USD 1,4 bilhão ao ano naquele país. Ehrenreich, que trabalhou como observador participante anônimo durante três semanas em uma dessas empresas na costa Leste dos EUA, relata que essa versão "Taylorizada"[25] do emprego doméstico agora controla 20 a 25% desse mercado (EHRENREICH, 2003, p. 93-94).

Esses serviços são favorecidos por causa da simplicidade da contratação e a certeza do trabalho feito de forma padronizada. Além disso, especialmente na Califórnia, há a vantagem em contratar o serviço em inglês por meio de uma atendente da empresa; e mesmo se a equipe que se desloca para a casa não fala o idioma, há uma lista de serviços a serem fornecidos, com cada detalhe de quartos e banheiros, e todos os aspectos da limpeza da cozinha. Há também a facilidade de reclamação, por ser o serviço bem legível ao contratador. Ademais, se o cliente prefere ficar em casa durante o serviço para segurar que não tenha nenhum transtorno, pode fazê-lo mais facilmente, pois a limpeza durará poucas horas, em vez de o dia inteiro ou a metade de um dia – tempo que uma faxineira que trabalha sozinha poderia levar.

---

25 Conceito relacionado ao Fordismo, nomeado por Frederick Winslow Taylor, que desenvolveu várias teorias e técnicas de "gestão científica" de trabalhadores nos anos 1880 e 1890 (KANIGEL, 2005).

Figura 7: Propaganda para The Maids International, serviços de limpeza. A empresa para qual Ehrenreich trabalhou em sua pesquisa oferece o "22-Etapa Tecla Saudável do Sistema de Limpeza Profunda"; esses serviços enviam grupos de duas a quatro pessoas, geralmente mulheres, para a limpeza de uma casa. Também é uma franquia e atinge 800 mercados locais nos EUA e no Canadá.

Ehrenreich aponta outra vantagem desse arranjo relativamente novo:

> Para o bem ou para o mal, a racionalidade capitalista está finalmente conseguindo uma entrada nesse lugar atrasado [*backwater*]... talvez, a melhor inovação

> tenha sido a abolição da relação empregadora-empregada, com todas as suas peculiaridades e dependências (2003, p. 93-94, tradução nossa).

Ela conta também sobre algumas outras vantagens desses serviços:

> O cliente contrata o serviço, não a empregada [*maid*], que será reposta de qualquer forma, com uma equipe de duas a quatro pessoas, das quais só uma está geralmente autorizada a falar com o cliente sobre o trabalho. Os salários das empregadas, os impostos do *Social Security* [seguro social], os *green cards*, dores de costas e problemas no cuidado com as crianças são do interesse exclusivo da empresa, o dono da franquia local. Em caso de problemas, este irá para o dono da franquia; o cliente e os trabalhadores nunca precisam interagir (Ibid., p. 94).

Com esses "avanços" impressionantes em termos de eficiência da operação da perspectiva do empregador, é fácil imaginar porque alguém acharia essa opção atrativa. Porém, há um lado negativo com esse arranjo: as empregadas, se não tiverem outras opções de emprego, estarão vulneráveis à exploração extrema nas mãos dos donos da franquia. Uma das empresas onde Ehrenreich se candidatou, Merry Maids, pagava USD 200 por uma semana de 40 horas, mas não incluía o tempo de viagem de uma casa para a outra no cálculo das horas. Sendo assim, para ganhar tal salário, a empregada tinha de trabalhar bem mais do que 40 horas. Ao mesmo tempo, durante as visitas às casas, às empregadas não era permitido nenhum repouso e nem mesmo beber água.

O próprio salário também é um dos elementos mais desumanos do contrato da empregada doméstica. Os salários pagos pelas empresas que Ehrenreich pesquisou, apenas alguns centavos acima do salário mínimo federal (por hora),[26] beiravam aqueles da linha de pobreza para um indivíduo; se essas mulheres tivessem famílias ou dependentes, seria improvável que conseguissem se manter de forma confortável. Assim, a versão mais "racional" do emprego doméstico, da perspectiva do empregador, pode transformar-se simplesmente em mais uma relação de exploração ofuscada pelas relações de trabalho mantidas invisíveis pelo dono da franquia. É assim que, ao fazer do serviço uma mercadoria capitalista, acaba tornando a empregada doméstica ainda mais vulnerável do que ela era como mensalista, perdendo talvez a única vantagem que tinha sobre as ocupações mais exploradas e invisíveis, como é o trabalho braçal em fazendas ou em fábricas clandestinas: o contato direto com o empregador.

26 Veja página 130 – gráfico e discussão do salário mínimo federal nos Estados Unidos.

RAÍZES HISTÓRICAS: RAÇA, RACIOCÍNIO E O CAMINHO DA ESCRAVIDÃO ATÉ O PRESENTE

Neste capítulo, eu volto às discussões lançadas na apresentação e no primeiro capítulo do texto, considerando o emprego doméstico como um fenômeno social de perspectiva macro-histórica. Almejo construir aqui um entendimento mais sistemático, com base em alguns episódios históricos e contribuições de outros teoristas sobre o assunto, mas também usufruindo dos detalhes etnográficos e dos desdobramentos explicativos do capítulo anterior.

A primeira parte deste capítulo toma como foco central a interseção das ideias relacionadas à mobilidade social, à migração internacional e à raça no contexto do emprego doméstico, principalmente nos Estados Unidos. A segunda parte do capítulo põe em relevo um episódio histórico importante para o desenvolvimento do emprego doméstico nos Estados Unidos: o estabelecimento temporário, durante os anos 1930 e 1940, de uma rede de centros de formação de empregadas domésticas espalhadas pelo país. A terceira parte do capítulo, à luz dessas explorações históricas nos Estados Unidos, levanta a questão da relação entre o emprego doméstico atual e a escravidão, apresentando também a importante categoria brasileira da agregada social e considerando-a como o antecedente histórico da empregada doméstica brasileira atual.

Mobilidade, migração e raça nos Estados Unidos

A descrição e a interpretação comum do emprego doméstico como uma ponte ocupacional (veja página 44) têm sido um tema quase constante das minhas entrevistas assim como na literatura acadêmica sobre o assunto. De fato, parece que essa ideia simples – da possibilidade de ascensão social, que, teoricamente, viria como resultado do emprego doméstico – é uma das sementes mais importantes das narrativas comumente ouvidas de empregadores no Brasil e nos Estados Unidos para justificarem suas posições de empregadores como sendo simplesmente um elemento natural em uma ordem social meritocrática, que recompensa trabalho duro com riqueza e mobilidade (veja a discussão do fenômeno de *classlessness* na página 76). Interessante que estadunidenses que participaram de uma pesquisa nacional feita pelo *New York Times,* em 2005, no geral, acharam que as possibilidades de ascensão social tinham aumentado nos EUA ao longo dos últimos trinta anos, enquanto dados estatísticos mostravam justamente o contrário, tendo a mobilidade social nos EUA diminuído desde 1970 (NEW YORK TIMES, 2005, p. 6-13). Além disso, o salário mínimo ajustado para inflação no país hoje é menos do que era em 1950, como se vê no Gráfico 3.

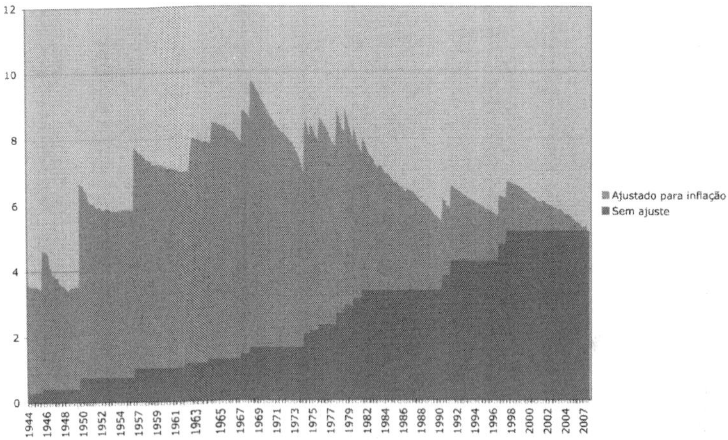

Gráfico 3: Salário Mínimo nos EUA 1944-2007. Fontes: U.S. Department of Labor (U.S. Department of Labor, 2007) e Bureau of Labor Statistics (2007a).

Independente de sua veracidade, essa narrativa precisa ser entendida como elemento de uma visão de sociedade fluída e racional, que parece ser essencial para o empregador moderno nos Estados Unidos, quando precisa lidar com a noção de desigualdade socioeconômica que sua posição de empregador de uma empregada doméstica inevitavelmente põe em relevo. Com respeito ao Brasil, as necessidades psicológicas de acreditar em uma possível ascensão socioeconômica ou de ver tal processo acontecer diante de seus próprios olhos parecem ser muito mais raras, vistas mais frequentemente entre empregadores mais jovens, intelectuais ou com interesses filantrópicos (veja página 93). Os discursos e práticas comuns de empregadores que creem nas possibilidades reais de ascensão social, nos Estados Unidos e no Brasil, para empregadas domésticas ou outras pessoas nas camadas mais baixas da força de trabalho, são baseados mais em um otimismo fiel de que em um entendimento forte da história recente ou da realidade econômica atual dos dois países. Uma discussão das economias dos dois países, com foco específico no aumento recente da desigualdade e da desestruturação dos mercados de trabalho, será apresentada no próximo capítulo. Aqui segue uma consideração mais histórica dos caminhos das empregadas domésticas nos Estados Unidos com base em uma desconstrução das noções de mobilidade e do emprego doméstico.

Romero, após fazer o retrato da noção de "ponte ocupacional" (veja página 44), faz questão de chamar a atenção para o fato de que muitas mulheres não brancas experimentam o emprego doméstico não tanto como uma forma de liberação quanto como uma forma de "gueto ocupacional" (ROMERO, 1992, p. 57). Ela também aponta, citando o trabalho de Davidoff (1976), que historicamente o ato de limpar é frequentemente designado a pessoas subordinadas, dando como exemplos os exércitos, prisões, orfanatos e hospitais mentais, onde varrer e esfregar o chão são atividades reservadas à punição e humilhação de pessoas desobedientes.

Mesmo assim, o poder despolitizado da crença de que o emprego doméstico é simplesmente, e por natureza, um passo em uma trajetória que, com determinação, levará uma empregada (ou no máximo seu filho) a uma posição confortável e respeitável na sociedade – conforme discursos comumente ouvidos nos Estados Unidos e também no Brasil –[1] não pode ser subestimado. Outra tese comum, relacionada na literatura científica, como na popular, e que serve para desqualificar inquietações sobre a ordem social presente que relega números crescentes de pessoas ao emprego doméstico, é chamada por Romero de "*changing-character*" [caráter-em-transição] da força de trabalho. Essa tese, ouvida frequentemente

1 A metáfora que ouvi, usada inúmeras vezes, sobre empregadores estadunidenses foi aquela da alpondra [*stepping stone*]. Veja página 87.

de empregadores,[2] possui variantes eruditas e até acadêmicas, mas também aparece vulgarizada pelo "senso comum" (GRAMSCI, 2004, p. 93), sendo uma versão macroestrutural da conceituação de emprego doméstico como uma *bridging occupation*: as condições de trabalho lamentáveis e até a presença constante das empregadas no local de trabalho são devidas às mudanças no caráter da força de trabalho, ou seja, são decorrências de migrações específicas. Levenstein (1962), também citado por Romero, argumentou, nos anos 1960, que o reservatório de trabalhadores domésticos só podia ser mantido por imigração contínua, alegando que "a classe servil nunca fora nativa dos Estados Unidos; e que, mesmo em tempos coloniais, os empregados domésticos vinham como *indentured servants*,[3] passando, ao final, para empregos de *status* mais alto, após terminarem seus serviços" (LEVENSTEIN, 1962, p. 39). Essa tese refere-se mais à questão da mobilidade socioeconômica específica a grupos sociais e figura em discussões nos Estados Unidos, sendo particularmente discutida quando se trata de legitimar o que parece ser cada vez mais, em estados como a Califórnia, uma subclasse onipresente de mexicanos e centro-americanos que dominam quase toda ocupação – essa subclasse seria caracterizada pelos baixos salários, pelo trabalho braçal, pela ausência de acesso a direitos trabalhistas e a um sistema legal que os proteja, sendo que a grande

---

2 Ironicamente, argumentos para justificar essa posição tendem a vir de pessoas não necessariamente consideradas "conservadoras"; em muitos casos, a posição mais comum da "direita" nos Estados Unidos, e em partes do Brasil, particularmente a classe média branca de São Paulo, é uma posição simplesmente antimigrante (veja citação na página 153).

3 Durante os séculos XVII e XVIII, nas colônias britânicas, *servants* brancos vinham com contratos obrigatórios de trabalho não remunerado de vários anos, o que amortizava o custo da viagem.

maioria deles faz parte dos aproximadamente 12 milhões de migrantes que residem ilegalmente no país (PASSEL, 2006).

Pelo fato de que a posição atual de mexicanos e centro-americanos na economia estadunidense tenha sido ocupada, anteriormente, por italianos, irlandeses, judeus ou outros grupos, muitos americanos chegam a ter uma atitude de ambivalência sobre as condições atuais da empregada doméstica nos Estados Unidos. Exemplos individuais desse fenômeno podem ser vistos no capítulo anterior, principalmente com respeito às diaristas nos Estados Unidos. O que cabe dizer aqui é que essa leitura histórica da migração para os Estados Unidos foi repetitivamente observada durante minha pesquisa e tem um poderoso efeito tranquilizante sobre a população estadunidense de classe média, de forma que pessoas privilegiadas nos Estados Unidos raramente demonstram qualquer sentimento de ofensa, urgência ou mesmo responsabilidade séria para enfrentar ou mudar as estruturas sociais que relegam cada vez mais mulheres para o emprego doméstico. Essa falta de preocupação também atinge a classe geral de migrantes latinos. As inconsistências lógicas inerentes a essa posição são várias.

Primeiro, antes de 1918, os migrantes europeus que chegaram em Ellis Island[4] não tiveram de entrar ilegalmente; de fato, o termo "*illegal immigrant*" tinha pouco significado até então, e, com a exceção dos chineses, que foram formalmente barrados entre 1882 e os anos 1943, o passaporte nem era requerido para entrada nos Estados Unidos. Apenas os criminosos e os doentes foram deportados de Ellis Island, que nessa época tinha livre passagem pela fronteira mexicana (POWELL, 2006). Não pode ser

---

4 A ilha no Rio Hudson ao lado de Nova Iorque e da estátua da Liberdade, onde foram recebidos 16 milhões de migrantes principalmente da Europa entre 1892 e 1922.

subestimado o valor da cidadania no processo da ascensão social nos Estados Unidos.

Segundo, ao assumirmos a ascensão e a integração social inevitáveis dos grupos étnicos migrantes nos Estados Unidos, de modo conveniente, esquece-se do fato da existência de um grupo étnico que continua sofrendo de um legado de pobreza e segregação, independente do tempo que passou dentro do país: os *African Americans*, ou seja, os negros estadunidenses. Com um alto índice de segregação em bairros pobres em cidades americanas (MASSEY; DENTON, 1998), em 2004, 24,7% dos negros dos EUA viviam abaixo da linha de pobreza – quase o dobro da porcentagem total nacional de 12,7% e pouco mais do que a referida porcentagem para "*hispanics*",[5] 21,9% (DENAVAS-WALT et al., 2005, p. 9).

Situando essas migrações no contexto do emprego doméstico, Hondagneu-Sotelo resume bem o plano histórico da profissão:

> Durante o final do século XIX, essa ocupação foi a fonte de emprego mais comum para mulheres nascidas nos Estados Unidos. Em 1870, segundo o historiador David M. Katzman, dois terços de todas as mulheres assalariadas em atividades nãoagrícolas trabalhavam como empregadas domésticas em casas particulares. A proporção caiu continuamente até pouco mais de um terço em 1900, e para um quinto, em 1930. As oportunidades de emprego alternativo para mulheres expandiram durante a segunda metade

5 Ainda usado no censo americano, esse termo se refere a todos os que assim se identificam nos formulários de escolha múltipla do recenseamento. Também há uma categoria para "brancos não hispânicos", que é a maioria racial nos Estados Unidos. Para uma desconstrução desses termos, e da ideia problemática em si mesma de "*whiteness*" [brancura], veja Jacobson (1999).

> do século XX, tanto que em 1990, menos de 1% das mulheres estadunidenses empregadas trabalhavam como domésticas. Números dos censos, obviamente, são notoriamente não confiáveis, pois a documentação dessa ocupação é cada vez mais indocumentável e conduzida "por baixo dos panos" [*under-the-table*]. Porém, a tendência é clara: trabalho doméstico remunerado foi sendo *ou* um emprego para mulheres imigrantes *ou* um emprego para mulheres de minorias étnicas, chegando a ser um emprego bastante ocupado por mulheres quais sejam, tais as imigrantes latinas e caribenhas, que incorporam um *status* subordinado, racial e como imigrantes (HONDAGNEU-SOTELO, 2001, p. 14, tradução nossa).

Destacando um fator de grande importância, Hondagneu-Sotelo também enfatiza as diferenças regionais do emprego doméstico dentro dos Estados Unidos.

> Racializações regionais da atividade já foram profundamente marcadas no final do século XIX e no início do século XX, sendo que a ocupação recrutava mulheres de grupos raciais e étnicos subordinados. No final do século XIX, nas cidades do Nordeste e do Meio-Oeste, jovens imigrantes solteiras irlandesas, alemãs e escandinavas, além de outras mulheres que migravam de áreas rurais para a cidade, costumavam trabalhar como *live-in* "*domestic help*" [ajuda doméstica], frequentemente saindo da ocupação quando se casavam. Durante esse período, as irlandesas foram o maior alvo de vilificação xenofóbica. Com o início da primeira guerra mundial, a imigração europeia diminuiu, as oportunidades de trabalho em fábri-

> cas se abriram para brancos, e a migração de negros do Sul permitiu a empregadores brancos recrutarem mulheres negras para empregos domésticos no Nordeste. Mulheres negras sempre predominaram como uma casta de serviçais no Sul; e durante a escravidão ou depois, ao chegar 1920, elas constituíam o maior grupo singular étnico no emprego doméstico, em ambas as regiões, Sul e Nordeste (Ibid., p. 14-15, tradução nossa).

Reverberando a caracterização supracitada de Romero de "gueto ocupacional" para o emprego doméstico, Hondagneu-Sotelo continua:

> Diferente das mulheres europeias, as negras não experimentaram nem mobilidade individual nem intergeracional, porém tiveram êxito na transformação da ocupação daquela caracterizada por arranjos *live-in*, sem separação entre trabalho e vida social, para *live-out "day work"* [trabalho diurno] – uma transformação auxiliada pela urbanização, por novos sistemas interurbanos de transporte, e residências urbanas menores (Ibid., p. 15, tradução nossa).

Ao mesmo tempo, o perfil racial da empregada doméstica em outras partes do país era marcadamente diferente.

> No Sudoeste e no Oeste dos Estados Unidos, do final do século XIX e do início do século XX, a ocupação estava repleta de mexicanasamericanas e imigrantes mexicanas, assim como asiáticas, africanas-americanas, mulheres indígenas e, ainda, com poucos homens asiáticos. Homens imigrantes asiáticos esti-

veram entre os primeiros recrutas no emprego doméstico no Oeste. Excepcionalismo californiano – a conquista anglo-americana do México, em 1848, e o seu desenvolvimento rápido, com o influxo de colonizadores e mineiros angloamericanos aportados da noite para o dia, além da escassez de mulheres inicialmente, criou muitos empregos domésticos no Norte do território para "*houseboys*", lavadores de louça e cozinheiros chineses, e, depois, para homens japoneses, seguidos por mulheres imigrantes japoneses e suas filhas nascidas nos EUA, as *nisei*, que continuaram no emprego doméstico até a segunda guerra mundial[6] (...) um caso intermediário de mobilidade intergeracional fora do emprego doméstico entre aquelas negras e mulheres *chicanas*[7] que se encontravam, geração após geração, presas no gueto ocupacional do emprego doméstico, e entre aquelas migrantes europeias do início do século XX, que rapidamente subiram na escada da mobilidade.

Para mulheres mexicanas-americanas e as suas filhas, o trabalho doméstico virou um *dead-end job* [emprego sem perspectivas]. Dos anos 1880 até a segunda guerra mundial, era a maior fonte de emprego não-agrícola no Sudoeste americano. Durante esse período, escolas de formação de domésticas, guias para ensino e esforços de americanização canaliza-

---

6 Essa história especificamente vem de um livro sobre domésticas japonesas e japonesas-americanas de Glenn, *Issei, Nissei, War Bride: Three Generations of Japanese American Women in Domestic Service* (1988).

7 Palavra usada para mexicanas-americanas que reforça e valoriza a identidade cultural específica desse grupo, além do dualismo implicado pelo termo "*Mexican American*"; veja Muñoz 1989)).

> ram deliberadamente essa população para empregos domésticos (Ibid., p. 15-16, tradução nossa).

É importante ressaltar nesse momento a diversidade racial das regiões dos Estados Unidos e também o fato de que enquanto a instituição de escravidão no Brasil chegou a definir as relações de trabalho em quase o país inteiro até 1888, nos Estados Unidos, a instituição era muito mais restrita a uma pequena parte do território do país atual, ficando concentrada principalmente no Sudeste do país. O legado geográfico dessa história é que os negros estadunidenses ainda se concentram nessa mesma região até hoje. Ao mesmo tempo, a migração latino-americana para os Estados Unidos não se espalhou uniformemente pelo país; os "hispânicos", definidos como qualquer pessoa, independente de raça, que se identifica como hispânico ou latino-americano (OFFICE OF MANAGEMENT AND BUDGET, 1997) se concentraram em áreas específicas também. Os mapas na Figura 8 destacam como essa separação racial/étnico dentro do país é tão concreta. Embora tal separação entre raça e etnia complique bastante qualquer tentativa de adequar os dados dos dois países, observa-se graficamente, assim, a base das diferenças regionais entre as populações historicamente e atualmente envolvidas no emprego doméstico, justamente nos casos em que latinas e negras representam a maioria das empregadas domésticas.

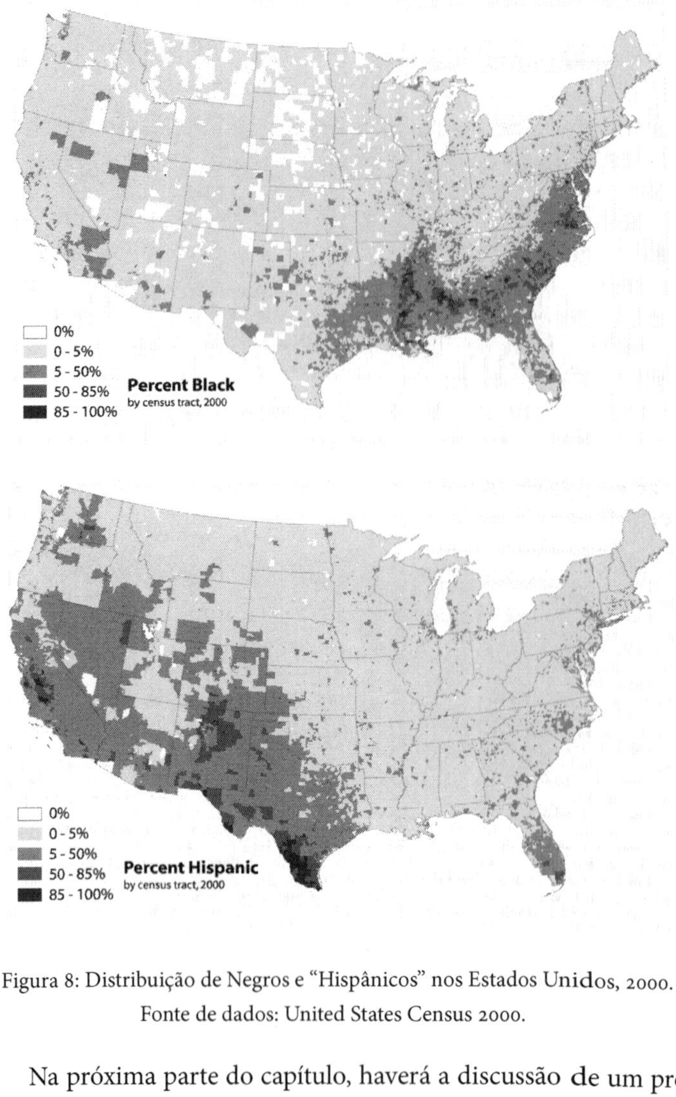

Figura 8: Distribuição de Negros e "Hispânicos" nos Estados Unidos, 2000.
Fonte de dados: United States Census 2000.

Na próxima parte do capítulo, haverá a discussão de um projeto específico de formação de empregadas domésticas nos Estados Unidos durante os anos 1940, um período em que a ocupação foi reconstituída e também profissionalizada de forma marcante no país. Depois dessa discussão, a conversa voltará para a questão racial discutida acima, considerando como a continuidade e a não continuidade das relações de escravidão nos dois países poderiam ter contribuído para a formação das duas diferentes culturas de servidão e submissão nos dois países.

A *Household service demonstration project*

Os esforços oficiais supracitados para formar empregadas domésticas não foram efetuados apenas no Sudoeste dos Estados Unidos; em 1937, o *Works Progress Administration* [Administração de Progresso de Trabalhos], um dos principais programas do *New Deal* [Novo Acordo] do Presidente Franklin Delano Roosevelt, lançou o *Household Service Demonstration Project*, que oferecia programas de formação para mulheres desempregadas conseguirem trabalho como empregadas domésticas. Abramovitz chama a atenção para o fato de que, enquanto mulheres negras sofriam consideravelmente mais do ponto de vista econômico, nessa época, as mulheres brancas se beneficiavam mais, no geral, dos programas do *Works Progress Administration* (1996, p. 283). Esse programa específico operava, em 1940, em vinte estados com 65 unidades, das quais "quinze reservadas exclusivamente para brancas, vinte para negras, e trinta para mulheres de ambas as raças" (KERR, 1940; citado por PALMER, 1989, p. 106, tradução nossa). Poucos dos centros estavam no Sul, disse Palmer, " [...] talvez porque a falta de empregos alternativos para negras do Sul dos EUA significava que não havia falta de serviçais" (Ibid., 106). Os pôsteres abaixo, elaborados no estilo *art* déco característico da época, mostram mulheres, talvez, intencionalmente ilustradas com etnia ambígua, em roupa tradicional de empregada doméstica e com olhos voltados para baixo em uma postura de deferência ao empregador hipotético. O pôster do lado esquerdo tem o objetivo de divulgar e recrutar participantes para o Programa [tradução: "Centro de Formação para

Empregadas Domésticas"], enquanto o do lado direito é mais voltado para empregadores potenciais [tradução: "Prontas para Servir: Trabalhadoras Formadas e Eficientes"].

Figura 9: Pôsteres do Household Service Demonstration Project [Projeto de Demonstração de Serviço Doméstico], 1937.

Durante a curta duração do programa de 1936 até 1942, a composição racial foi evoluindo; ao final dos anos 1930, a maioria das mulheres era negra e "*hispanic*", com a exceção de um influxo devido ao início da Guerra de novas imigrantes europeias, a maioria sendo judias paupérrimas (PALMER, 1989, p. 110). Essas mulheres foram treinadas principalmente para a função de *servant*, porém talvez em uma versão mais profissionalizada do que o modelo tradicional nos EUA do século XIX, e, ao mesmo tempo, parecida com a tradicional empregada doméstica que eu vi durante a minha pesquisa em várias casas de família da classe média e média alta em São Paulo.

As participantes do *Household Service Demonstration Project* foram formadas rigorosamente para servir conforme as normas esperadas por empregadores em cada região.

> Trabalhadoras receberam instrução sobre higiene pessoal e etiqueta (incluindo "uso judicioso de batom, ruge e pó"), ao mesmo tempo em que aprenderam o uso de materiais de limpeza, receitas, e técnicas de cuidado de crianças que satisfizeram as expectativas de mulheres de classe média. Foi assumido que "moças vêm de casas desprivilegiadas e precisam cultivar novos padrões não encontrados em suas próprias casas....Precisam ser ensinadas novas atitudes, graça etc. (...)" No geral, moças foram capacitadas em casas bem maiores que as suas próprias (uma na Flórida tinha cinco quartos, três banheiros, uma cozinha, sala, jardim de inverno e varandas) para aprender "como atender a um telefone corretamente, como usar eletrodomésticos, como preparar e servir um almoço ou jantar formal, e o cuidado com linhos e prataria." (PALMER, 1989, p. 107, tradução nossa).

A formalidade do ensino de tais técnicas de serviço doméstico faz parte de uma dupla transição que a ocupação experimentou durante o século XX nos Estados Unidos. Enquanto tais tipos de comportamento rígidos exibidos por empregadas se remetem superficialmente às caracterizações de Coser de uma ocupação entrando em obsolescência e baseada em códigos de comportamento rígidos que não cabem no mundo moderno (1973), é importante salientar que a forma com que esse ensino foi aplicado difere drasticamente daquele do século XIX. Vindo diretamente de programas do Estado, com um foco na profissionalização dessas mulheres, além de ensinar como exibir estrategicamente as afetações tão prezadas nas serviçais pela classe alta, os programas ensinavam às mulheres técnicas para que pudessem negociar salários, calcular e padronizar o número de horas trabalhadas por semana. O padrão ensinado pelo Programa envolvia uma série de normas:

> ...60 horas trabalhadas por semana, com uma hora de trabalho calculado para cada duas horas de tempo durante as tardes e as noites enquanto "*on call*" [esperando ser chamada para o serviço]; "dois dias de meio período por semana, começando não depois das duas da tarde no dia de semana e as três da tarde no domingo"; hora-extra compensada por tempo de folga na semana seguinte ou dinheiro a mais sem exceder doze horas em uma única semana; e uma semana de férias remuneradas depois do serviço do primeiro ano (PALMER, 1989, p. 107, tradução nossa).

No contexto de uma resposta oficial estatal a uma crise de desemprego, fazia sentido esse tipo de proteção para trabalhadores, afinal, o Programa fazia parte do *New Deal*, uma tentativa explícita para melhorar as condições das classes trabalhadoras depois da grande depressão. Durante a mesma época, também foram promulgadas várias novas regulamentações que protegiam os direitos de trabalhadores nos Estados Unidos, como a *Fair Labor Standards Act* [Ato de Padrões Justos de Trabalho] de 1938, que estabeleceu o salário mínimo federal. Infelizmente, para as novas empregadas domésticas formadas pelo *Household Service Demonstration Project*, essa lei não oferecia novos direitos, com a justificativa de que só protegia certas indústrias que foram definidas como comércio de natureza interestadual (PALMER, 1989, p. 121). Mesmo assim, os diretores do Projeto usavam a lei para tentar justificar normas salariais para empregadores e também para essas normas supracitadas de horas de trabalho máximo por semana (PALMER, 1989, p. 107). Só em 1974 é que esse ato federal chegou a regulamentar o salário mínimo das empregadas domésticas. Mesmo assim, as empregadas domésticas estadunidenses (e brasileiras) continuam até hoje sem o direito de uma jornada de trabalho de oito horas e de remuneração adicional por horas extras (GUSMÃO, 2007, p. 348; HUMAN RIGHTS WATCH, 2001, p. 56).

Essa resposta estatal ao desemprego também precisa ser entendida como uma expressão de um entendimento cultural específico do emprego doméstico como uma potencial ocupação digna e também, mais importante ainda, que faria parte de uma trajetória pessoal de ascensão social. A seguinte citação de um documento de um Programa de duas décadas antes, tirado do livro, *Home Economics Courses for Girls and Young Women* [Cursos de Economia Doméstica para Moças e Mulheres Jovens] que também tinha o mesmo objetivo de formar empregadas domésticas mostra bem esse entendimento específico do emprego doméstico como uma escolha e uma oportunidade vantajosa para uma mulher:

> Formação em *home economics* serve a uma dupla função: prepara para uma ocupação que gera renda

> e também para as necessidades de vida da própria mulher.... O soldado "retornado" [da primeira guerra mundial] demandará que muitas ocupações, agora tomadas por mulheres, sejam devolvidas a ele, porém em nenhum momento ele pode repor a mulher que é bem formada em *home economics* (CALVIN, 1918 apud PALMER, 1989, p. 89, tradução nossa).

Embora essas citações tiradas de episódios históricos pequenos e específicos de 1918 e de 1936-1942 não possam ser generalizadas nem representar o ponto de vista de um país inteiro, acho que se vê nesse período histórico específico a fase embrionária do discurso comum usado hoje em dia nos Estados Unidos para discutir a posição social da empregada doméstica. Essas visões sociais expressas por participantes de programas sociais apoiados pelo governo são certamente específicas a essa fase histórica de um Estado de bem-estar social embrionário que emergia como resposta a condições econômicas relacionadas aos efeitos dramáticos na força de trabalho estadunidense da Primeira Guerra Mundial e da Grande Depressão.

Não obstante, vejo, nesse momento histórico e nessas expressões particulares, a semente do discurso atual usado nos Estados Unidos para discutir e construir narrativas sobre a empregada doméstica (desde a babá até a faxineira) no sentido de que, nos termos de Coser, a ocupação se transforme de uma relação *pré-moderna* de status adquirido em que a empregada doméstica existe em uma posição estática de dependência quase total da família para uma relação muito mais marcada pela lógica do mercado capitalista e uma hierarquia especificamente *racional*, no sentido tipicamente weberiano, discutido na página 60. Essa tendência do emprego doméstico, nos Estados Unidos, ser tratado e pensado como cada vez mais um emprego capitalista e até burocratizado pode ser observada no sentido de uma hierarquia aproximada – as empregadas domésticas são imaginadas, por empregadores ou oficiais de governo, como podendo subir (KOFES 2001; HONDAGNEU-SOTELO, 2001) de uma subdivisão do emprego para uma outra (de babá para faxineira) e depois para uma ocupação mais desejável fora do emprego doméstico ou até mesmo para a função de dona de casa financeiramente dependente de um marido bem remunerado. Essa racionalidade e também – é importante notar – esse otimismo, às vezes justificado, às vezes não, é, na minha opinião, um dos traços que mais definem o empregador estadunidense. De certa forma, essa atitude reflete uma quase nostalgia em relação a um país talvez imaginário em que teria, como Weber escreveu sobre burocracias racionais e modernas, "linhas de carreiras fixadas" (1978, p. 963), as quais levariam pessoas a subirem na escada social a partir de um cálculo que mediria trabalho duro e o recompensaria quase sistematicamente com *status*, dinheiro e sucesso geral. A citação de Caroline (veja página 87) é emblemática de atitudes de muitas outras pessoas que compartilham essa visão fluída da sociedade americana, que, como foi discutido, facilita a racionalização entre tais empregadores – que pagam salários baixos e não fornecem planos de saúde para suas empregadas – e a ambivalência moral sobre as situações dessas trabalhadoras.

De fato, observa-se, no Gráfico 1, que as quedas mais dramáticas na porcentagem da força de trabalho feminina no emprego doméstico ocorreram durante as duas guerras mundiais, que também foi justamente o mesmo período em que as indústrias de guerra geraram novas oportunidades para mulheres trabalharem fora do âmbito doméstico. Essa opção de saída do emprego doméstico e a consequente falta de empregadas domésticas marcaram o começo do declínio drástico no emprego doméstico, visto durante os primeiros 80 anos do século XX. George Stigler, escrevendo em 1946, analisou essas quedas com um grau impressionante de portento sobre o que o país ia experimentar durante os 60 e poucos anos que se passaram desde esta escrita:

> O futuro do emprego no serviço doméstico nos Estados Unidos pode ser profetizado sobre uma ou outra de duas bases. Por uma extrapolação controlada das profecias passadas, é seguro dizer que dentro de uma geração, a última doméstica não casada será chamada para Hollywood para fazer um filme comemorativo. Com base em tendências passadas e o provável desenvolvimento de tecnologias dentro de casa, alguém poderia afirmar – com menos segurança – que depois de uma expansão no pós-guerra, o emprego vai declinar paulatinamente até que, uma geração depois, haverá talvez um milhão de empregadas domésticas para assistir tal filme em alguma quinta-feira (STIGLER, 1946, p. 37, tradução nossa).

O cinismo do Stigler e a veracidade de suas previsões mostram um entendimento impressionante da natureza cíclica da economia estadunidense. O que ele talvez não imaginava foi a forma com que o emprego doméstico mudou durante o seu ressurgimento recente. Sobretudo, o que se vê durante esse episódio histórico nos Estados Unidos é o rompimento com as relações de emprego doméstico predominantes da ordem escravocrata estadunidense, e o estabelecimento de uma nova forma de emprego doméstico, etnicamente diverso, profissionalizado, formalmente apoiado pelo Estado, e concebido (talvez ingenuamente) como uma estação digna no percurso de uma vida ou uma fase na história de um grupo étnico.

Escravas, agregadas, empregadas

> "A minha bisavô foi escrava, a minha avô foi empregada doméstica, a minha mãe foi empregada doméstica. A minha mãe me disse que preferiria me ver morta do que empregada doméstica. Eu sou doméstica."
>
> - Apresentação do filme *Domésticas* (2001)

> Inconscientemente aceito tanto por radicais quanto por protetores do *status quo*, o emprego doméstico feminino é assegurado pela maneira irrefletida com que pessoas o tomam por certo, justamente como a escravidão foi aceita durante séculos.
>
> - Anna Rubbo e Michael Taussig (1983)

Como foi discutida na primeira parte deste capítulo, a continuidade aparente entre a instituição da escravidão e o emprego doméstico atual nos Estados Unidos – e particularmente o emprego doméstico na Califórnia – é menor do que aquela no Brasil. Na Califórnia, e também em quase todos os lugares sobre os quais consegui dados atuais sobre a composição atual da força de trabalho de empregadas domésticas, com a exceção do antigo Sul do país, a grande maioria das empregadas domésticas no país é imigrante, principalmente da América Latina e do Caribe.[8] Além disso, ao longo do século XX, houve uma queda tão dramática nos números de empregadas domésticas no país, que houve também uma espécie de purgação da ocupação, que, junto com uma reestruturação de clas-

8 Veja página 54.

ses geral no país caracterizada por uma forte equalização de renda e de riqueza,[9] serviu para desligar as práticas culturais de hierarquia explícita, concreta, permanente e, às vezes, íntima, associadas com a escravidão, das práticas atuais de servidão, adaptadas ao empregador estadunidense mais "racionalista" e "moderno".[10]

No Brasil, porém, nunca houve uma purgação tão nítida na ocupação, e também é muito comum no país que as empregadas domésticas atuais sejam descendentes de escravos, enquanto os seus empregadores têm ascendências europeias. No caso da capital São Paulo, que teve a maior parte de seu crescimento como cidade após o fim da escravidão com um influxo de imigrantes da Europa, hoje, para a maioria dos empregadores (de empregadas domésticas) da cidade, seria difícil encontrar casos de pessoas com antepassados diretos que possuíram escravos. Ao mesmo tempo, sendo eles europeus brancos, e uma grande parte de suas empregadas domésticas sendo negras migrantes do Nordeste, e com a cultura do Rio de Janeiro talvez preservando aspectos importantes da cultura de servidão criada durante a ordem escravocrata, fica fácil constatar que haja uma certa continuidade entre as hierarquias domésticas do século XIX e aquelas do século XX em São Paulo.[11]

9 Veja página 80.

10 Veja páginas 60 e 80. Vale notar que essas mudanças culturais são entendidas pelo autor mais como mudanças superficiais de que sinais de uma verdadeira reestruturação das relações interpessoais.

11 Santos et al. (2003) apresentam uma história detalhada e informativa das transições do emprego doméstico e a emergência em São Paulo no início do século XX de uma preferência entre alguns empregadores para empregadas domésticas brancas em vez de negras. Ao mesmo tempo, coexistia a preferência invertida, mostrando a complexidade de tal momento histórico tumultuoso na história de relações raciais em São Paulo no contexto de imigração maciça e crescimento da cidade.

Barbosa traça essa linhagem nos escritos de Freyre, citando um trecho importante de *Casa Grande e Senzala*:

> A casa-grande fazia subir da senzala para o serviço mais íntimo e delicado dos senhores uma série de indivíduos - amas de criar, mucamas, irmãos de criação dos meninos brancos. Indivíduos cujo lugar na família ficava sendo não o de escravos, mas o de pessoas da casa. Espécie de parentes pobres nas famílias européias. À mesa patriarcal das casas-grandes sentavam-se como se fossem da família numerosos mulatinhos. Crias. Malungos. Muleques de estimação. Alguns saíam de carro com os senhores, acompanhando-os aos passeios como se fossem filhos (FREYRE, 1933, p, 352 apud BARBOSA, 2000).

Barbosa oferece sua própria análise do trecho, comentando que:

> As manifestações de familiaridade e afetividade entre patrão e empregadas são características comuns das relações pessoalizadas existentes num espaço de ocupação que não é tipicamente capitalista, mas um domínio familiar, *a casa de família* (BARBOSA, 2000).

Os paralelos óbvios entre a instituição do emprego doméstico remunerado e a escravidão demandam assim que consideremos rigorosamente como a empregada doméstica é ou não é parecida com uma descendente profissional direta da mucama ou escrava doméstica de que Freyre fala em *Casa Grande e Senzala*.

Sanjek e Colen (1990, p. 3), em seu livro - uma coleção etnológica de escritos sobre o trabalho doméstico na Nigéria, em Ghana, no Nepal, nos Estados Unidos, em Zâmbia, na Malásia e na

Martinica –, começam o seu retrato global do emprego doméstico, delimitando exatamente como é diferente da escravidão.

> Escravos e *indentured servants* foram responsáveis por desempenhar trabalho doméstico em várias épocas históricas, porém trabalhadores domésticos [*domestic workers*][12] são distintos de escravos, independente de quanto as suas vidas são controladas pelos seus empregadores. Emprego doméstico contrasta com algumas das características distintivas da escravidão catalogadas por Lovejoy (1983: 1-8). Distintos de escravos, empregados domésticos retêm as suas relações familiares e status fora da casa onde trabalham; emprego doméstico envolve um elemento de escolha "voluntária" para o trabalhador (e pela parte de seus pais, no caso de empregados domésticos infantis) que a escravidão não oferece; diferente daqueles dos escravos, as capacidades sexuais e reprodutivas biológicas dos empregados domésticos não são controladas pelos seus empregadores (mesmo se empregadores abusam de seus direitos; empregados domésticos escolhem seus próprios parceiros de casamento; status de empregado doméstico não é herdado como status de escravo).

Essa análise sistemática oferece claramente uma distinção entre emprego doméstico e escravidão em termos técnicos, mas no contexto brasileiro existe uma outra figura histórica que é importante considerar como um antecedente histórico da empregada do-

12 Em cada tradução, almejo usar o sentido que mais corresponde à intenção do autor original.

méstica: o agregado social. No meio rural do século XIX, o agregado social era o termo utilizado para designar a categoria de pessoas que não eram escravos nem proprietários de terra. Vivendo em terrenos alheios, esse grupo vivia totalmente dependente dos donos de terra, sustentados por favores e explorados sistematicamente. A relação, talvez mais do que na relação entre escravo e dono, dependia muito de laços afetivos. Carvalho Franco descreve a relação entre agregado e proprietário no interior de São Paulo, em 1890:

> O ajuste entre proprietário e morador baseou-se em uma afirmada cordialidade. Esta era condição para que o agregado fosse acolhido: "se ia agradando, dava um jeitinho de ficar na terra. O fazendeiro também ia gostando dele, ia-lhe fazendo as vontades e ele acabava encostando na fazenda. Era amigo, por isso estava lá; se não fosse, ia embora". Este padrão é coerente com o caráter pessoal das relações entre eles e com o correlato esquema de dependência, que atingiu as áreas mais íntimas da vida. São funções de substituição ao pai, que reconhecemos nas declarações de um fazendeiro sobre seu agregado: "notou que ele não tem bom procedimento, pois que tendo feito com que o depoente tratasse de um casamento do denunciado, não tratou de o efetuar, fugindo com a noiva" (FRANCO, 1969, p. 100).

Diferente dos escravos, os agregados tinham relações com o mercado, mas geralmente não eram formalizadas nem estáveis, fazendo com que eles dependessem quase totalmente dos proprietários. Pochmann argumenta que a empregada doméstica atual – juntamente com uma série de outros empregos ligados diretamente a casas de família – representa uma nova classe de agregado social urbano emergente:

> ...o Brasil vem registrando, desde 1981, uma elevação considerável nas ocupações vinculadas à nova condição de agregado social. Diferentemente da antiga condição de agregado social que se manifestou amplamente no meio rural durante a fase da economia agrário-exportadora, verifica-se que neste início de terceiro milênio há uma distinta manifestação no meio urbano, sobretudo nas principais regiões metropolitanas do País (POCHMANN, 2003, p. 21).

Pochmann põe a culpa na emergência dessa nova classe nas grandes mudanças econômicas neoliberais, as quais também vejo como causa central do crescimento do emprego doméstico nos Estados Unidos durante o mesmo período:

> Somente no rastro da concentração da renda difunde-se a diversificação da produção de bens e de serviços pessoais, distributivos e sociais prestados por uma legião de trabalhadores que sobram, na maior parte submetida à nova condição de agregado social. Esse exército de subocupados em atividades remuneradas ou não reproduz-se fundamentalmente pelo circuito das altas rendas e da ilegalidade, em atividades como ambulantes, domésticos em geral, mordomos, governantas, garçons, motoristas, camareiras, roupeiros, cabeleireiros, manicures, passadeiras, lavadeiras, seguranças e faxineiros, entre tantas outras formas sofisticadas de serviços.
>
> Essa realidade, reconhecida no dia-a-dia do brasileiro, especialmente nos grandes centros urbanos, parece inegável, merecendo um maior aprofundamento e análise para o seu enfrentamento. O presente texto pretendeu tão somente explorar inicialmente a iden-

> tificação de uma nova condição de agregado social no Brasil do presente, que se diferencia do passado, mas que está a condicionar o país do futuro. Assim, sem a superação do ciclo da financeirização a que o País se encontra submetido, não parece haver surpresas pelos males ocasionados por crescentes incertezas entre capitalistas e maiores inseguranças entre trabalhadores. O enfrentamento da nova condição de agregado social pressupõe, portanto, muito mais do que vontade de ajudar pobres e excluídos, intervir sobre a riqueza, rompendo com o predomínio das políticas neoliberais (POCHMANN, 2003, p. 22).

A discussão dessas análises econômicas inteligentes da situação do novo agregado social será continuada no próximo capítulo. No entanto, basta dizer que no caso da situação brasileira, conforme a tese do Pochmann, o agregado social é um antecedente histórico muito mais apropriado do que o escravo em termos técnicos. A servilidade cordial do agregado, que depende totalmente do patrocínio da terra para sua sobrevivência, é muito mais parecida com a relação da empregada doméstica com seu empregador do que qualquer relação entre escravo e senhor, principalmente porque, enquanto não é cativo do patrono como um escravo seria, o agregado de fato precisa correr atrás do patrono para criar uma relação de subserviência. Diferentemente do dono de um escravo, o patrono não é responsável pela reprodução do trabalho de seu serviçal ou agregado. A relação de poder é tão assimétrica que ele simplesmente oferece um valor inconsequente (o uso temporário de um pedaço pequeno da sua terra) para ele, em troca da devoção quase total do agregado.

A nova classe de agregados sociais sofre também de uma assimetria de poder econômico tão grande em relação às potenciais classes empregadoras, que se defrontam com um abismo ameaçante e real de desemprego, violência e pobreza extrema, caso não consigam estabelecer vínculo empregatício algum. Assim, acabam tendo que desempenhar as mesmas atitudes e sofrer as mesmas humilhações que sofreram os agregados sociais rurais há mais que um século. Sempre concordando com o empregador e sempre tentando mantê-lo como "amigo", a servilidade da empregada doméstica hoje em dia em São Paulo ou nas outras metrópoles do Brasil – especialmente das mensalistas, que são a maioria – envolve um tipo de autossubserviência total ao empregador, o que nos faz questionar se o Brasil, e cada vez mais os Estados Unidos, não está embarcando em um processo de desenvolvimento autodestrutivo. Assim visto, parece que os dois países estão entrando em uma *modernidade medieval*, onde uma parte da sociedade tem acesso a todo bem de consumo do mundo e voa para Disney como um ritual de passagem para a burguesia, enquanto uma outra parte chafurda nas lixeiras e corre atrás de qualquer bico ou emprego que os ricos os concedem.

A discriminação legal contra domésticas continua até o presente

Considerando as raízes históricas da instituição do emprego doméstico, é fundamental reconhecer o fato de que até hoje a empregada doméstica é claramente discriminada pelas leis nos Estados Unidos e no Brasil. Em ambos os países, a empregada doméstica, mesmo registrada e residente legal do país, não dispõe dos mesmos diretos trabalhistas que outros trabalhadores têm. Nos Estados Unidos, a empregada doméstica é explicitamente excluída da *National Labor Relations Act*, o que significa que não tem o direito de organizar sindicatos, não tem acesso a todas as proteções do *Fair Labor Standards Act* – como, por exemplo, horas-extras – e, até 1974, não tinha garantia nem de um salário mínimo. A *Ocupational Safety and Health*

Act, que oferece proteções básicas a todos os trabalhadores nas áreas de saúde e seguridade contra condições de trabalho perigosas, também exclui de modo explícito a empregada doméstica estadunidense. Além de tudo isso, as leis de Direitos Civis do país só se aplicam em casos de empregadores com mais que 15 empregados – a proteção contra descriminação racial, de sexo, de religião, ou de nacionalidade não se aplica à empregada doméstica (DOMESTIC WORKERS UNITED E DATACENTER, 2006, p. 3).

Dado que, afinal, a maioria das empregadas domésticas estadunidenses nem têm acesso a nenhum direito legal pelo fato de serem imigrantes residindo ilegalmente no país, é difícil dizer se as proteções legais também fracas da empregada doméstica brasileira acabam deixando-a em uma posição melhor ou pior do que a americana em termos legais. A empregada brasileira ganhou alguns novos direitos com a aprovação da Lei 11.324, de 19 de julho de 2006, porém sem a retirar do jugo das estruturas legais que a resgatou da posição nebulosa em que estava antes, sem direitos concretos e firmemente estabelecidos, que a mantém como uma trabalhadora de segunda classe pela Lei da Empregada Doméstica (5859/72). Ganhando direitos aos poucos, a empregada doméstica brasileira conquistou a carteira de trabalho e 20 dias de férias anuais remuneradas (1972), vale-transporte (1985) e, com a Constituição Federal de 1988 – justamente no ano do centenário da abolição da escravidão –, um pacote que incluiu o salário mínimo, a irredutibilidade salarial, o décimo terceiro salário e a licença-maternidade de 120 dias. A Lei 11.324/06 levou para o empregador da empregada doméstica o direito de deduzir do seu imposto o pagamento feito ao INSS, com a ideia de estimular a formalização da ocupação, visando à empregada doméstica que hoje está sem carteira assinada (as quais ultrapassam 75%, em algumas regiões do país; veja Gráfico 2) e que teria o seu vínculo empregatício formalizado, podendo, enfim, aproveitar de alguns dos benefícios que isso fornece[13] (BBC BRASIL, 2006; GUSMÃO, 2007; SALEK, 2006a).

O Congresso Nacional também emendou[14] essa proposta (que veio originalmente do presidente Lula) com alguns outros novos direitos para a empregada doméstica:

> Poucos sabiam, mas o empregador doméstico podia, até a aprovação desta lei, descontar do seu empregado os valores despendidos com a sua alimentação e moradia, no caso de ele morar e se alimentar na casa do patrão... (GUSMÃO, 2007, p. 346).

Nos Estados Unidos, ao contrário, ainda é permitida uma dedução limitada do salário por tais motivos, e de fato, uma pesquisa em Nova Iorque revelou recentemente que uma quantia expressiva experimentara isso – 8% de empregadas *live-in* em uma pesquisa que incluiu 547 pessoas (DOMESTIC WORKERS UNITED E DATACENTER, 2006, p. 28). O empregador estadunidense tem direito de descontar até US$ 267 por mês para moradia, o equivalente de 26% do salário mínimo mensal federal de US$ 1.014 (Ibid.).

Outro novo direito conseguido pela empregada brasileira, que a estadunidense não tem ainda, foi o de repouso nos feriados oficiais (o que não tinha antes) e também o direito de 30 dias corridos de férias anuais (GUSMÃO, 2007, p, 346). Nos Estados Unidos, nenhum trabalhador do setor privado tem direito garantido pelo governo federal a qualquer tipo de férias, nem oficiais, nem anuais. O

13 Veja página 50.

14 O Congresso Nacional também tentou emendar uma provisão que faria o pagamento do Fundo de Garantia do Tempo de Serviço obrigatório, porém foi vetado pelo Governo Lula.

único país na Organização para a Cooperação e Desenvolvimento Econômico (OCDE) a não garantir férias, os Estados Unidos, deixa as decisões sobre o assunto ao empregador. Como resultado, o estadunidense tira em média nove dias de férias remuneradas e seis feriados oficiais por ano (SCHMITT, 2007).

Uma reportagem do BBC Brasil, "Lei em 80% dos países discrimina domésticas" (SALEK, 2006a), explica que o Brasil e os Estados Unidos não estão sozinhos nas suas discriminações abertas contra as empregadas domésticas. Porém, Hondagneu-Sotelo (2001, p. 127) aponta que as leis com respeito a férias e licença-maternidade são melhores no México do que nos Estados Unidos. Ao mesmo tempo, um relatório do Human Rights Watch (2006) mostra que os abusos sistemáticos registrados contra empregadas domésticas em partes da Ásia e da África podem ser muito piores do que qualquer abuso visto no hemisfério Oeste.

DESIGUALDADE BRUTA: A BASE DO EMPREGO DOMÉSTICO

> Se você tirasse o resto do país, São Paulo faria parte do primeiro mundo.
>
> – *Gerente de uma agência bancária em São Paulo, 2005*

Em um artigo de extrema relevância empírica e teórica, "*The Macrosociology of Paid Domestic Labor*" [A Macrossociologia do Trabalho Doméstico Remunerado] (MILKMAN et al., 1998), as três autoras propõem uma tese que, embora possa parecer óbvia, é uma contribuição fundamental para os estudos desse campo. Utilizando dados estatísticos das 100 maiores cidades dos EUA, elas demonstram que a desigualdade social é o melhor indicador para se mensurar a presença de altos níveis de emprego doméstico, sendo mais relevante do que os três outros indicadores que têm uma presença muito mais constante na literatura americana existente, a saber: a presença na força de trabalho feminina de negras e latinas, a proporção da força de trabalho feminina que é nascida fora dos EUA e a participação de mães na força de trabalho. Esses três outros indicadores também são positivamente correlatos, porém, entre todos eles, a desigualdade fornece o indicador mais preciso para predizer o trabalho doméstico.

Esse artigo é fundamental, pois a discussão acadêmica sobre o emprego doméstico é vista por meio de um pensamento sistemático, não sendo tratada apenas como um fato imutável e naturalizado, mas sim a partir de um resultado de condições sociais específicas que possuem vários pesos, resultantes de forças sociais, trajetórias históricas e políticas públicas. Ou seja, o emprego doméstico, visto com olhar crítico e comparativo, que incorpora diferenças geográficas e históricas, não pode ser mais considerado como um fator "natural" e aceito como inevitável. Entre vários estudos citados no artigo, o que recebe a maior crítica é o livro clássico sobre o assunto nas últimas décadas: *Empregada Doméstica nos EUA*[1] (ROMERO, 1992). Romero argumenta que o atributo "raça" superou o conceito de "classe" como o eixo central pelo qual as empregadas domésticas são escolhidas e discriminadas. Milkman et al. (1998) discordam e tratam de comprovar com estatísticas que, mais importante do que a presença de uma população de migrantes ou negras, é a desigualdade social que serve como o melhor indicador de alta incidência de emprego doméstico.

Para facilitar as comparações entre o Brasil e os Estados Unidos pelo viés quantitativo de meu objeto de estudo, juntei uma série histórica de coeficientes de Gini para o Brasil e os Estados Unidos. Quando contraposto aos dados históricos sobre emprego doméstico do gráfico da página 42, observa-se uma clara correlação positiva entre o aumento da desigualdade – que começa nos dois países a partir do final dos anos 1970; chega ao ano de 1981, citado por Pochmann como o momento da emergência do novo agregado social urbano (veja página 148); e também a 1978, quando David Harvey marca como o início da adoção mundial da ideologia e de políticas públicas neoliberais (HARVEY, 2005).

1 O título original é um brilhante jogo de palavras: *Maid in the USA*.

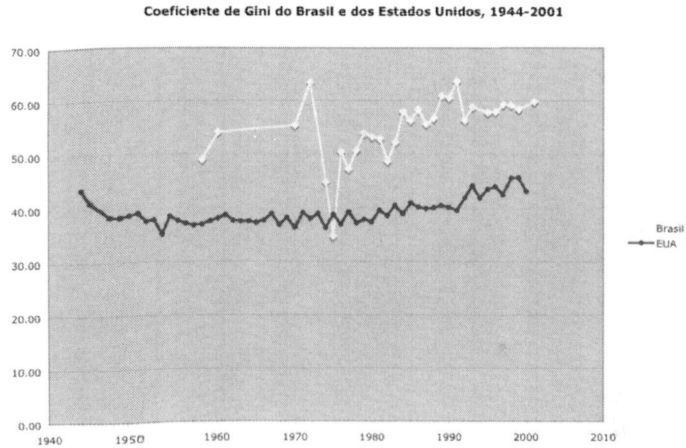

Gráfico 4: Coeficiente de Gini para o Brasil e Estados Unidos: 1944-2001. Fonte de dados: WIDER 2004.

Para oferecer um contexto mundial à análise, reuni dados do coeficiente de Gini para uma seleção de países para destacar dois fatos importantes. Primeiro, o de que o Brasil é geralmente reconhecido por ter o coeficiente de Gini mais alto do mundo, um fator importante a considerar enquanto avaliação das possibilidades para posições futuras de países onde houver alguma mudança política. Segundo, é o fato de os Estados Unidos terem o coeficiente de Gini mais alto que qualquer outro país "desenvolvido" (inclusive, todos os países da Europa ocidental e oriental) e também o mais alto entre os países reconhecidos na mídia popular internacional por terem distribuições de renda altamente desiguais, como o Egito e a Indonésia. É importante escrutinizar esse fato também para mostrar que se os Estados Unidos forem vistos como o modelo de desenvolvimento para o Brasil, ou qualquer outro país, devia ser esperado um resultado bem diferente do que aquele seguido pelo modelo da Europa ou doJapão, por exemplo.

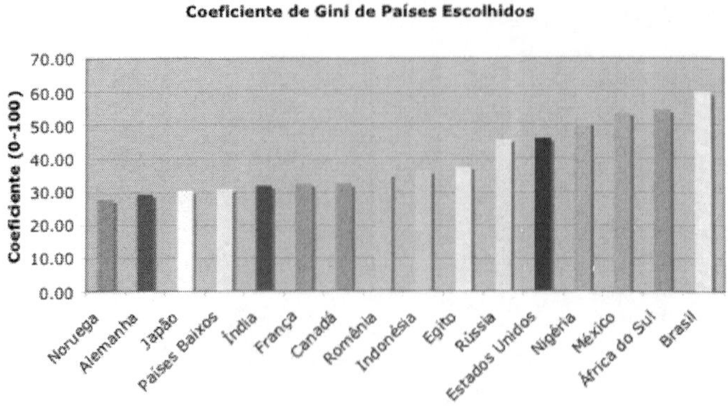

Gráfico 5: Coeficiente de Gini para Países Escolhidos. Fonte de dados: WIDER 2004

Melhor ainda para entender exatamente como é distribuída a renda nesses países são os dados sobre distribuição de renda por deciles. Esses dados são muito mais úteis especificamente para derivar previsões hipotéticas da oferta e demanda de emprego doméstico em um dado país.

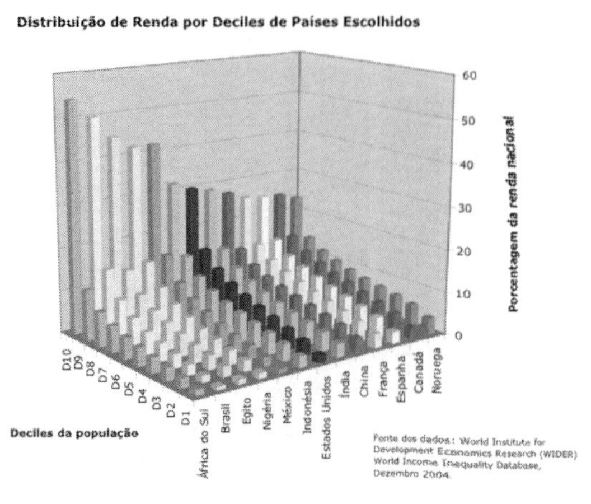

Gráfico 6: Distribuição de Renda por Deciles em Países Escolhidos.

Como se vê no Gráfico 9, montei um teste básico para verificar a hipótese de Milkman et al. (1998), no contexto brasileiro, checando se o coeficiente de Gini correlacionava-se positivamente à porcentagem de ocupados no emprego doméstico nas seis cidades incluídas na PNAD: São Paulo, Porto Alegre, Belo Horizonte, Salvador, Recife e Distrito Federal. Infelizmente, dentro dos limites de tempo e também com a minha limitada formação em estatística, não consegui chegar a nenhuma conclusão definitiva com base nesse universo de dados pequenos, porém se observa na figura que há uma indicação positiva de correlação entre níveis de desigualdade e de prevalência relativa do emprego doméstico na força de trabalho.

No Gráfico 7, montei uma segunda comparação experimental, tentando verificar se há uma correlação entre o coeficiente de Gini e a porcentagem das empregadas domésticas em cada uma dessas cidades, para mensalistas, com a hipótese de que em situações de desigualdade mais exagerada, a porcentagem de mensalistas seria mais alta por causa de uma maior intersecção entre potenciais empregadores, que dispõem de poder aquisitivo necessário para empregar (e às vezes hospedar) uma mensalista e mulheres pobres dispostas a aceitar o trabalho. Enquanto a tentativa demonstra uma evidência inicial de correlação positiva, seria necessário desenhar um estudo mais complexo para chegar a qualquer conclusão estatisticamente válida.

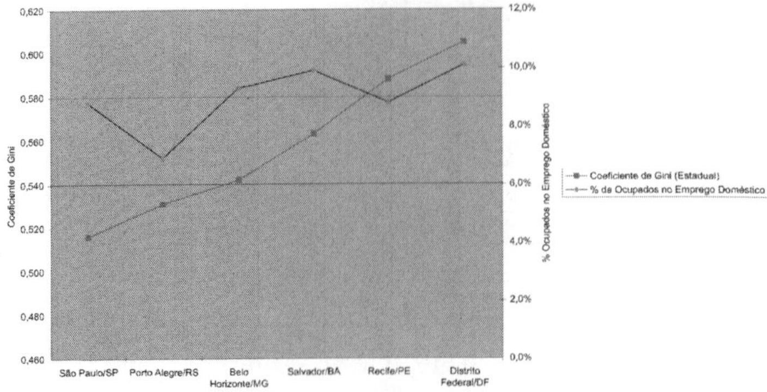

Gráfico 7: Coeficiente de Gini e Porcentagem de Ocupados no Emprego Doméstico. Fontes: Coeficiente de Gini do IBGE/PNAD (IBGE, 2005a) Tabela 7.1.4, porcentagem de empregados domésticos do DIEESE (2006, p. 16).

No próximo gráfico, apresento os mesmos dados, mas com o foco no Brasil e nos Estados Unidos. Os dados mostram que, nos Estados Unidos, a pessoa média do decil mais rico tem em média uma renda 16,7 vezes maior do que a pessoa média do decil mais pobre. No Brasil, observa-se que o decil mais rico ganha 60,9 vezes mais do que o decil mais pobre – 3,65 vezes mais do que a razão para os Estados Unidos. Teoricamente, essa razão poderia ser a base de uma tentativa aproximada de predizer a porcentagem da força de trabalho ou da população no emprego doméstico, porém os dados inexatos sobre a categoria nos Estados Unidos nos impedem de fazer tal cálculo com um grau de exatidão razoável.

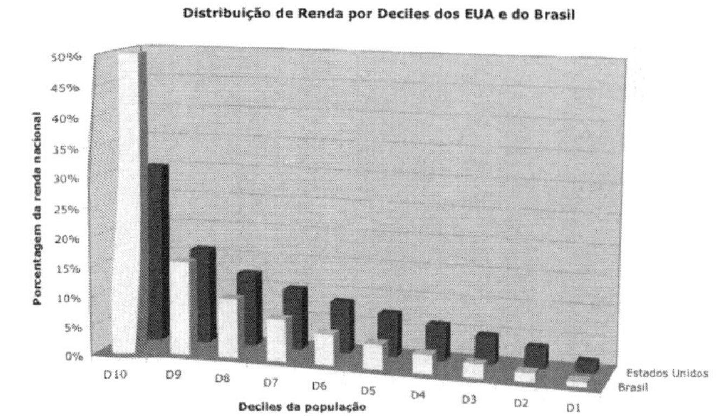

	D1	D2	D3	D4	D5	D6	D7	D8	D9	D10
Estados Unidos	1.79%	3.53%	4.73%	5.92%	7.17%	8.50%	10.12%	12.32%	16.00%	29.92%
Brasil	0.82%	1.62%	2.36%	3.22%	4.21%	5.24%	7.05%	9.84%	15.67%	49.97%

Gráfico 8: Distribuição de Renda por Deciles nos EUA e no Brasil.

Em um futuro estudo quantitativo, de uma ou outra dessas tentativas, seria necessário verificar, e talvez corrigir, os dados a fim de assegurar que haja paridade entre as metodologias usadas para determinar os limites de cada cidade e verificar se as grandes periferias, que ficam fora dos limites oficiais de São Paulo ou do Distrito Federal, acabam distorcendo os resultados para essas cidades, por causa dos altos números de empregadas domésticas que entram e saem cada dia dos limites das áreas metropolitanas dessas cidades. Também teria de considerar a validade relativa dos instrumentos de coleta de dados nas seis cidades. Ainda mais interessante, seria dissociar valores das bases de dados do censo demográfico para um número maior de municípios.

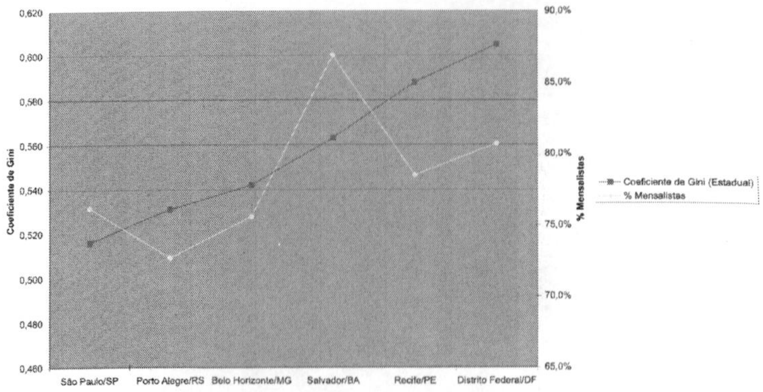

Gráfico 9: Coeficiente de Gini e Porcentagem de Mensalistas. Fontes: Coeficiente de Gini do IBGE/PNAD(IBGE, 2005a) Tabela 7.1.4, porcentagem de mensalistas do DIEESE (2006, p. 24).

Voltando para o estudo de Milkman et al. (1998), é importante escrutinizar exatamente a concepção de desigualdade e de classe usada no artigo. As autoras tomam o trabalho como uma manobra radical entre a literatura especializada, mas ao mesmo tempo demonstram uma pobreza teórica marcante. Elas comprovam com estatísticas a relevância da desigualdade econômica na determinação da quantidade de empregadas domésticas, sem, porém, nenhuma menção ao *como* ou *porque* essa relação existe na história. Embora supostamente resgatem a categoria "classe" para a realização de uma análise rigorosa do campo, as autoras nem ao menos mencionam o materialismo histórico de Marx, que forneceria pelo menos o início de uma base teórica sólida para o argumento fundamental do artigo: o de que a desigualdade econômica é o fator mais importante na determinação do número de pessoas empregadas em serviços domésticos nas cidades estudadas. Embora Milkman et al. (1998) avancem muito no estudo empírico em direção ao entendimento do nível macroteórico da situação da empregada doméstica, é preciso estudar outros lugares para verificar o desdobramento dessa linha interessante de investigação das estruturas sociais que criam as condições em que o emprego doméstico remunerado floreia.

Milkman et al. (1998) enquadram o seu argumento principal como sendo quase o primeiro do tipo, dizendo que:

> Com a exceção de um tratado obscuro, publicado em 1946, pelo economista George Stigler, a relação entre desigualdade e as dinâmicas de emprego em trabalho doméstico remunerado não tem sido explorada nem um pouco na literatura. Aqui montamos o caso para sua importância, construindo acima a hipótese antes nãotestada de um meio-século atrás. Exploramos teoricamente o mecanismo pelo qual desigualdade econômica maior gera emprego maior nessa ocupação, também apresentando um teste empírico da hipótese (MILKMAN et al., 1998, p. 486).

Um texto, talvez também já "obscuro", escrito em inglês por uma brasileira formada no Brasil e na Holanda, Juliet Filet-Abreu de Souza (FILET-ABREU DE SOUZA, 1980), intitulado "*Paid Domestic Service in Brazil*" [Serviço Doméstico Remunerado no Brasil] e publicado em uma edição especial do jornal acadêmico *Latin American Perspectives* sobre o tema "Interesses de Classe e o Estado", enfrenta diretamente a ligação entre desigualdade econômica e serviço doméstico quase vinte anos antes de Milkman et al. (1998), e também enriquece o debate com um olhar mais profundo sobre a questão da industrialização e da migração, como algumas dessas forças correlacionadas que afetam o campo do serviço doméstico remunerado. Escrevendo em uma linguagem característica das teorias de dependência e desenvolvimento dos anos 1960 e 1970, ela leva toda a força teórica das ciências sociais brasileiras para o assunto do emprego doméstico, e ainda mais, em um artigo publicado em inglês. Infelizmente, foi pouco citado posteriormente na literatura estadunidense e tampouco na brasileira. Mesmo assim, é um ótimo local para verificar não só o fato de que Milkman et al. (1998) estavam equivocadas na asserção de que foram elas que esclareceram essa ideia perdida desde 1948, mas também para confirmar que Filet-Abreu de Souza teoriza de maneira muito mais sofisticada essa tese.

> Nesse *paper*, vou estabelecer a relação entre o processo de industrialização no Brasil e o uso extensivo de trabalhadoras domésticas remuneradas. Para além, eu tento mostrar como o uso maciço do trabalho doméstico reflete as desigualdades de renda no país, e como esse emprego doméstico reproduz a divisão sexual de trabalho em uma situação aparentemente paradoxal: empregadas desempenham tarefas consideradas tipicamente femininas, liberando suas patroas dessas atividades. A liberação do posterior é atingida ao custo (subordinação) do anterior (Ibid., 35).

O estudo relativamente pequeno tem base empírica em 15 entrevistas feitas no Rio de Janeiro com empregadas domésticas, a Secretária da Associação Profissional dos Empregados Domésticos, e donos de agências de emprego doméstico, além de dados secundários vindos dos três estudos sobre empregadas domésticas no Brasil, disponíveis naquele momento (INSTITUTO JOAQUIM NABUCO DE PESQUISA SOCIAIS, 1971; MARIANI; STROZENBERD, 1976; SAFFIOTI, 1978). Lamentando o fato de que foi difícil a ela encontrar outras fontes, ela explica:

> Apesar da quantidade crescente de literatura sobre a posição da mulher brasileira, achamos muito poucas

> tentativas sérias de analisar a posição das empregadas domésticas brasileiras... também tive o problema da falta de dados estatísticos recentes para o Rio de Janeiro e dificuldades em encontrar cientistas sociais familiarizados ou interessados no assunto com quais eu pudesse trocar ideias ou indícios teóricos.... Porque esse tipo de trabalho tem sido mais ou menos tomado por certo, sendo uma instituição que existe desde os tempos de escravidão, o tema é chato, difícil e novo. De fato, parece quase ser um tabu. Feministas brasileiras, a julgar pelas entrevistas que fiz durante minha estadia no Brasil, parecem evitar deliberadamente ou subconscientemente o assunto. Uma até confessou para mim que a existência de empregadas cuidando de todas as atividades da casa é a maior inconsistência que se encontra no feminismo brasileiro (FILET-ABREU DE SOUZA, 1980, p. 35, tradução nossa).

Essa reflexão sobre o grande problema posto à feminista da classe média na América Latina tem sido, em muitos textos sobre o emprego doméstico, uma grande crítica ao feminismo existente na época, e também um apelo para uma volta teórica, para que essa grande classe de militantes sociais prestem mais atenção às opressões frequentemente sobrepostas ao gênero de classe e à raça, e, vinculada a essas, à migração. Rollins, em um livro importantíssimo sobre o assunto, publicado em 1985, cinco anos depois do trabalho supracitado de Filet-Abreu de Souza (1980), escreve em um tom muito mais forte sobre esse assunto. Durante uma discussão das relações entre empregadas domésticas e patroas em Boston, ela argumenta que mulheres brancas contratando mulheres negras para serem empregadas domésticas estão conseguindo pessoalmente sair da opressão de gênero, mas sem enfrentar a posição do homem na sociedade, e fazendo-o sob o custo da opressão de uma outra mulher.

Variantes dessa conclusão saem de outros estudos sobre o emprego doméstico, geralmente com mais força naqueles escritos durante os anos 1970 e 1980, quando muitas feministas desenvolveram atitudes críticas do feminismo de segunda onda como sendo um movimento excessivamente centralizado em questões que pertenciam a mulheres brancas da classe média. Autoras como Rollins (1986), Ehrenreich (Ehrenreich; Hochschild, 2003; Ehrenreich, 1990), e Collins (Collins, 1990) chamaram a atenção para esse problema grave dentro do feminismo, e cada uma levantou aspectos do marxismo e da consciência de classes crítica para o movimento.

CONCLUSÃO: BRASILIANIZAÇÃO, AMERICANIZAÇÃO E A FORÇA DA CULTURA

Em 1996, um grupo de acadêmicos e intelectuais ilustres junto a líderes do movimento sindicalista dos Estados Unidos escreveram a declaração "*Hope for Labor*" [Esperança para os Trabalhadores] na forma de uma carta ao *New York Review of Books*, comemorando a tomada do poder por uma nova liderança ambiciosa do *American Federation of Labour & Congress of Industrial Organizations* (AFL-CIO), a maior federação de sindicatos de trabalhadores no país. Na carta, eles escreveram:

> Para a maioria das pessoas, os padrões de vida têm estagnado ou declinado durante mais de duas décadas. Aumentos recentes em lucratividade e produtividade corporativa falharam em reduzir a insegurança econômica ou as disparidades crescentes de riqueza e renda que "brasilianizaram" [*Brazilianized*] tanto nossa estrutura social... (FRASER et al., 1996).

Sete anos depois, Comin comentou em sua tese de doutorado que a palavra tinha começado a circular na Europa:

> ...a heterogeneidade estrutural, que parecia ser uma patologia apenas do subdesenvolvimento, passa a assombrar também os países capitalistas mais avan-

> çados, produzindo, ainda que apenas por analogia, uma espécie de inversão do fluxo conceitual, que pode ser ilustrado, por exemplo, pela utilização frequente na literatura jornalística e acadêmica inglesa ou francesa da expressão "brasilianização do mercado de trabalho" para descrever os fenômenos da informalidade, da precarização, do subemprego e das desigualdades na distribuição da renda, todos fenômenos que vêm se expandindo nestes países (COMIN, 2003, p. 9).

Em 2006, pareceu que o processo de brasilianização dos Estados Unidos tivesse sido concluído com sucesso. Em um livro novo sobre a nova onda de empregadas domésticas na Grã-Bretanha, Cox escreveu:

> Para entender a emergência desse novo problema de serviçais, precisamos olhar para a organização da economia global. O desenvolvimento de uma economia global integrada e a difusão do neoliberalismo apoiaram o crescimento de emprego doméstico de várias formas... condições de trabalho na Grã-Bretanha foram 'americanizadas', deixando famílias com menos tempo para cuidar dos seus próprios filhos ou afazeres domésticos (COX, 2006, p. 4).

Essas novas tendências paralelas de "neoliberalização", "brasilianização", e agora "americanização", com certeza são extremamente abrangentes, e só devem ser usadas com cuidado; porém, no interesse do presente estudo comparativo internacional, é essencial que haja um vocabulário comum para descrever as transições macroestruturais que têm definido as últimas três décadas, o período comum de que trata a maior parte deste texto. Paradoxalmente, neoliberalismo – um termo entendido por pessoas até analfabetas na América Latina e geralmente associado às políticas externas dos Estados Unidos na região – é uma palavra acadêmica e abstrusa nos Estados Unidos, que muitos, e talvez a maioria dos estadunidenses diplomados, nem saberiam definir. Mesmo assim, entre as minhas leituras em português e inglês, esse acaba sendo o termo mais adequado para descrever os acontecimentos comuns entre os dois países.

A definição do livro de 2005 de David Harvey, *Uma Breve História do Neoliberalismo* elucida para mim os elementos centrais do neoliberalismo que formam o vínculo essencial entre as práticas e crenças cotidianas vistas nas relações entre empregadores e empregadas domésticas e as tendências socioeconômicas e políticas que influenciaram profundamente o desenvolvimento dos dois países durante os últimos trinta anos. Harvey escreve:

> Neoliberalismo é em primeira instância uma teoria de práticas político-econômicas que propõe que bem-estar humano pode ser melhor alcançado pela libertação das habilidades e liberdades individuais empreendedoras, dentro de uma base institucional caracterizada por direitos de propriedade particular fortes, mercados livres e comércio livre. O papel do Estado é criar e preservar uma base institucional apropriada a tais práticas (HARVEY, 2005, p. 2).

O contexto concreto da expansão de tal teoria postulado por Harvey é quase tão importante quanto a definição:

> Ocorreu em todos os lugares uma virada enfática para o neoliberalismo, nas práticas político-econômicas e no pensamento desde os anos 1970.

> Desregulamentação, privatização e a retirada do Estado de muitas áreas de provisão social têm sidos demais comuns. Quase todos os estados, daqueles novamente formados depois do colapso da União Soviética até as democracias sociais tradicionais e estados de bem-estar social, como Nova Zelândia e Suécia, abraçaram, às vezes, voluntariamente e em outras instâncias como resposta a pressões coercivas, alguma versão da teoria neoliberal e pelo menos ajustando algumas políticas e práticas consequentemente (Ibid., p. 3).

Harvey continua a explicar o papel das instituições financeiras nessa transição, e as transições específicas na Ásia e na África. Porém o último trecho da definição é a que importa nesse contexto, exatamente onde ele faz a ligação entre essas políticas mundiais e o "senso comum", por meio do conceito gramsciano que apresentei no início desta dissertação como alvo central das minhas investigações:

> O neoliberalismo tem, enfim, virado hegemônico como um modo de discurso. Tem efeitos penetrantes sobre modos de pensamento até o ponto de ter sido incorporado às formas de senso comum que muitos entre nós usam para interpretar, viver em e entender o mundo (Ibid., p. 3).

É nesse contexto que as observações dos discursos e comportamentos cotidianos dos empregadores e das empregadas domésticas, ao longo desta dissertação, foram feitas e concebidas. Embora as atitudes de brasileiros e estadunidenses sejam extremamente divergentes, como também eram as preferências para os tipos de emprego doméstico a escolher e os comportamentos dentro das relações escolhidas, o fato comum foi que a grande maioria dos empregadores, mesmo aqueles incomodados por suas relações de emprego, acreditaram que, em termos de estruturas sociais, para usar o famoso ditado de Margaret Thatcher, *there is no alternative* [não tem alternativa] à globalização no capitalismo neoliberal.

Eu perguntei para vários dos meus entrevistados se eles conseguiam simplesmente *imaginar* o seu país sem empregadas domésticas, e nenhum deles respondeu que podia. Mesmo entre os textos acadêmicos recentes sobre o assunto, foi difícil encontrar visões coerentes de ordens sociais sem empregadas domésticas. Inclusive um artigo chamado "É Incorreto Pagar pelo Trabalho Doméstico?" (MEAGHER, 2002), a conclusão nem leva a sério a possibilidade de realmente criar uma sociedade sem domésticas. No livro clássico sobre o assunto, *Maid in the USA*, há um capítulo inteiro em que Romero sistematicamente rejeita ou critica os atitudes de feministas e outros que rejeitam a instituição de emprego doméstico, ou tentam reconfigurá-lo de uma forma ou outra. Ela se recusa a levar a sério a possibilidade de trabalhar para construir um mundo em que nenhuma pessoa estaria na posição de não ter outra opção sem virar empregada doméstica (ROMERO, 1992, p. 193-201). Uma nota de rodapé interessante no supracitado artigo de Milkman et al. (1998, p. 492) faz menção ao fato de que durante os anos 1990, a Suécia tornou-se um país quase totalmente sem empregadas domésticas, mostrando que uma estrutura social que é literalmente impensável no hemisfério ocidental realmente pode ser uma realidade sobre outras condições.

Conforme o que Harvey disse sobre a penetração hegemônica do neoliberalismo no discurso mundial durante os últimos trinta anos, talvez faça sentido que a declaração mais clara que li sobre a possibilidade de um mundo pós-emprego doméstico tenha vindo de dois autores escrevendo em 1983, 25 anos atrás. Taussig (inglês) e Rubbo (australiana) escreveram um artigo lúcido sobre o emprego doméstico na Colômbia, declarando:

> Sobretudo, há pouca justificativa em recorrer ao fatalismo econômico para explicar ou desculpar a presença de *servants* residentes femininas como uma instituição social que inevitavelmente vem com altos níveis de desemprego. O fato de que mulheres desempregadas encontram trabalho como *servants* pressupõe a necessidade para tal nicho ocupacional, que não pode ser explicado pelo fato do desemprego. Ainda mais, as características internas e consequências psicológicas de tal emprego não são dadas pelo fato de desemprego maciço. Desemprego determina os números de *servants* e os números de mulheres procurando tal emprego, mas não as características essenciais do emprego em si mesmo. Nem é o caso de o desemprego explicar o papel hegemônico que a servidão desempenha na reprodução da sociedade (RUBBO; TAUSSIG, 1983, p. 6).

Esse tipo de pensamento crítico característico de uma geração de acadêmicos e militantes menos constrangidos pela força opressora da hegemonia neoliberal ainda me dá esperanças, assim como também eu fiquei entre fascinado e decepcionado com os meus vários entrevistados estadunidenses e a única brasileira (Raquel, veja página 99) que tinham fortes convicções pessoais contra terem empregadas domésticas, sem serem particularmente engajados em algum tipo de militância que visasse um programa concreto de melhoraria nas situações das milhões de mulheres que não têm outra opção que o de virarem empregadas domésticas.

O que era um problema de falta de imaginação para mim acabou tornando-se, ao longo da pesquisa, um problema de encontrar uma práxis coesa face à desigualdade chocante que comecei a entender, e pesquisar, ao longo do meu projeto. O que eu acabei percebendo, só depois de mais de um ano focado em meu objeto foi que, enquanto não se tenha nenhuma solução fácil ou rápida em termos de políticas públicas para garantir trabalhos mais estáveis, gratificantes e bem remunerados para as massas de pessoas desempregadas ou subempregadas nos Estados Unidos e no Brasil, o que falta é uma tentativa pública de amarrar a percepção da necessidade social de tal solução com uma forma de ação social accessível a pessoas normais nessas duas grandes democracias eleitorais, cujos representantes são vistos cinicamente como corrompidos e incompetentes por uma grande parte dos seus públicos. Nesse momento, vale ressaltar uma citação que já usei na introdução do texto sobre a própria natureza da hegemonia:

> Uma classe é hegemônica não tanto até o ponto em que ela consiga impor uma concepção uniforme do mundo sobre o resto da sociedade, mas até o ponto em que consiga articular diferentes visões de mundo, de modo que seu antagonismo potencial seja neutralizado (LACLAU, 1977 apud HART, 2002, p. 26).

É justamente assim que o grande sucesso do neoliberalismo pode ser apreciado na sua totalidade, pois faz as pessoas realmente acreditarem que não existe outra opção que o *status quo*, e também é nesse lugar que eu consegui reaver o que me chamara a atenção em primeiro lugar no emprego doméstico. O que tem de especial sobre o emprego doméstico? É a forma de trabalho que reúne mais intimamente pessoas de classes e culturas totalmente diferentes – é o que Brandt colocou tão sucintamente: "é bom para pensar." (2003).

E acredito ter sido assim que eu consegui realmente desenvolver a minha própria relação com o assunto, comparando criticamente o desejo do estadunidense que evita a empregada doméstica diretamente ou procura estabelecer algum tipo de relação que pareça ser racional, profissionalizando o trabalho até o ponto de ela virar invisível na forma do *professional cleaning service*. A minha experiência nas conversas com empregadores brasileiros sobre as suas experiências pessoais de desigualdade no âmbito da intimidade e de amizades que atravessaram as linhas de classe e raça para criar vínculos emocionais no contexto de relações de poder realmente deploráveis, trouxe-me não apenas uma oportunidade de pensar sozinho, mas também de pensar com os outros. Fecho o texto com uma citação de Ehrenreich, autora que me animou várias vezes ao longo da minha pesquisa:

> Independente de como resolvemos a questão [de emprego doméstico] nas nossas próprias casas, temos o desafio moral de fazer o trabalho visível de novo: não só o processo de esfregar e passar o aspirador, mas também o ato de cavar com enxada, empilhar, martelar, furar, dobrar e levantar, e tudo o que é preciso para criar e manter um hábitat viável. Em um mundo cada vez mais economicamente desigual, onde tanto os ricos devotam suas vidas a trabalhos fantasmagóricos como a compra e venda de ações, processamento de imagens, pesquisadores da opinião pública, o trabalho verdadeiro, no sentido tradicional de trabalho, que engaja a mão e também o olho, que cansa o corpo e direitamente altera o mundo físico, desaparece de vista. As feministas da

minha geração tentaram levar algumas partes disso à luz do dia, mas, como mulheres profissionais ocupadas, correndo de suas casas de manhã, deixaram o projeto incompleto, o debate abandonado no meio de uma frase, as intenções nobres não cumpridas. Mais cedo ou mais tarde, alguém vai ter de completar o trabalho (EHRENREICH, 2003, p. 103).

REFERÊNCIAS BIBLIOGRÁFICAS

ABEP - Associação Brasileira de Empresas de Pesquisa. *Critério de Classificação Econômica Brasil*, 2003. Disponível em: <http://www.abep.org/?usaritem=arquivos&iditem=23>. Acesso em: 5 nov. 2007.

ABRAMOVITZ, Mimi. *Regulating the Lives of Women:* Social Welfare Policy from Colonial Times to the Present. South End Press, 1996.

AGAMBEN, Giorgio. *Homo sacer:* Sovereign power and bare life. Calif: Stanford University Press, 1998.

ALLY, Shireen. Caring about Care Workers: Organizing in the Female Shadow of Globalization. *Labour, Capital and Society*, v. 38, n. 1/2, p. 184-207, 2005. Disponível em: <http://www.jstor.org/stable/43158592?seq=1#page_scan_tab_contents>. Acesso em: 4 abr. 2017.

ALMEIDA, Gustavo. *Eclipse:* A grave questão política das faxineiras, 2007. Disponível em: <http://www.interney.net/blogs/eclipse/2007/03/09/politica_para_as_faxineiras/>. Acesso em: 2 nov. 2007.

ANDERSON, Bridget Jane. *Doing the Dirty Work?* The Global Politics of Domestic Labour. Zed Books, 2000.

BAKAN, Abigail; STASIULIS, Daiva. *Not One of the Family:* Foreign Domestic Workers in Canada. University of Toronto Press, 1997.

BARBOSA, Fernando Cordeiro. *Trabalho e residência:* estudo das ocupações de empregada doméstica e empregado de edifício a partir de migrantes "nordestinos". Niterói: Editora da Universidade Federal Fluminense, 2000.

BBC BRASIL. Diferença entre família e empresa 'justifica' menos direitos. *BBC Brasil*, 7 ago. 2006. Disponível em: < http://www.bbc.com/portuguese/reporterbbc/story/2006/08/060807_domesticasoutrolado.shtml>. Acesso em: 5 nov. 2007.

BELLACCOMO, Josephine. *Move the Message:* Your Guide to Making A Difference and Changing the World. Lantern Books, 2004.

BEST BUY UNIFORMS. *Work Uniforms Chef Uniform Restaurant Apparel Dickies Nursing Scrubs*, 2007. Disponível em: <http://www.bestbuyuniforms.com>. Acesso em: 4 out. 2007.

BITTMAN, Michael; MATHESON, George; MEAGHER, Gabrielle. The Changing Boundary between Home and Market: Australian Trends in Outsourcing Domestic Labour. *Work, employment and society*, v. 13, n. 2, p. 249-273, 1 jun. 1999. Disponível em: <http://journals.sagepub.com/doi/abs/10.1177/09500179922117935>. Acesso: 4 jun. 2017.

BOURDIEU, Pierre. *Acts of Resistance Against the Tyranny of the Market*. New Press, 1998.

______. *Distinction:* A Social Critique of the Judgement of Taste. Tradução: Richard Nice. Harvard University Press, 1987.

BRANDT, Maria Elisa Almeida. *Minha área é casa de família:* o emprego doméstico na cidade de São Paulo. 2003. 188f. Tese (Doutorado)–Universidade de São Paulo, São Paulo, 2003.

BRENNER, Neil; THEODORE, Nik. Cities and the geographies of "actually existing neoliberalism". *Antipode*, v. 34, n. 3, p. 349-379, 2002.

BRITES, Jurema. Serviço Doméstico: elementos políticos de um campo desprovido de ilusões. *Campos*, v. 3, p. 65-82, 2003.

BRUSCHINI, Cristina; LOMBARDI, Maria Rosa. A Bipolaridade do Trabalho Feminino no Brasil Contemporâneo. *Cadernos de Pesquisa*, v. 110, p. 67-104, jul. 2000.

BUDD, Adrian. Gramsci's Marxism and international relations. *International Socialism*, v. 114, abr. 2007.

BUENO, Eduardo. *Passado a Limpo* – História da Higiene Pessoal no Brasil. São Paulo: Gabarito Editorial, 2007.

BURAWOY, Michael. *Manufacturing consent:* changes in the labor process under monopoly capitalism. Chicago: University of Chicago Press, 1979.

______. The Extended Case Method. *Sociological Theory*, v. 16, n. 1, p. 4-33, 1998.

______. For a Sociological Marxism: The Complementary Convergence of Antonio Gramsci and Karl Polanyi. *Politics & Society*, v. 31, n. 2, p. 193-261, 2003.

BUREAU OF LABOR STATISTICS. *Consumer Price Index*, 2007a. Washington: Department of Labor. Disponível em: <ftp://ftp.bls.gov/pub/special.requests/cpi/cpiai.txt>. Acesso em: 5 nov. 2007.

______. *The Employment Situation*, 2007b. Washington: Department of Labor. Disponível em: < https://www.bls.gov/news.release/archives/empsit_01042008.pdf>. Acesso em: 8 abr. 2007.CALIARI, Tânia. Quem e quantos são os ricos no Brasil. *Reportagem da Oficina de Informações*, v. 61, p. 21-30, out. 2004.

CALVIN, Henrietta. *Home Economics Courses for Girls and Young Women*, 1918.

CAVALCANTI, Maria Luísa. Em Portugal, salário é atrativo que 'compensa' maus tratos. *BBC Brasil.com*, 11 ago. 2006.

CERTIFIED HOUSEHOLD STAFF REGISTRY. *We get you proper household staff*, 2007. Disponível em: <http://www.certifiedhouseholdstaffing.com/>. Acesso em: 8 abr. 2007.

CHANEY, Elsa; CASTRO, Mary Garcia; SMITH, Margo. *Muchachas no more:* household workers in Latin America and the Caribbean. Philadelphia: Temple University Press, 1989.

CHANG, Grace. *Disposable Domestics:* Immigrant Women Workers in the Global Economy. South End Press, 2000.

CHAPLIN, David. Domestic Service and Industrialization. *Comparative Studies in Sociology*, v. 1, p. 97-127, 1978.

CHIN, Christine. *In Service and Servitude:* Foreign Female Domestic Workers and the Malaysian "Modernity" Project. New York: Columbia University Press, 1998.

COCK, Jacklyn. *Maids and Madams:* Domestic Workers Under Apartheid. Womens Pr Ltd, 1980.

COLLINS, Patricia Hill. *Black feminist thought:* knowledge, consciousness, and the politics of empowerment. Boston: Unwin Hyman, 1990.

COMIN, Alvaro Augusto. *Mudanças na Estrutura Ocupacional do Mercado de Trabalho em São Paulo.* São Paulo: USP, 2003. CONSTABLE, Nicole. *Maid to order in Hong Kong:* stories of Filipina workers. London: Cornell University Press, 1997.

COSER, Lewis. Servants: The Obsolescence of an Occupational Role. *Social Forces*, v. 52, p. 31-40, 1973.

COX, Rosie. *The Servant Problem:* The Home Life of a Global Economy. I. B. Tauris, 2006.

DAVIDOFF, Leonore. The Rationalization of Housework. In: BAKER, Diana Leonard; ALLEN, Sheila. *Dependence and Exploitation in Work and Marriage.* London: Longman Publishing Group, 1976.

DEBRET, Jean Baptiste. *Voyage pittoresque et historique au Brésil, ou Séjour d'un artiste français au Brésil, depuis 1816 jusqu'en 1831 inclusivement.* Paris: Firmin Didot frères, 1834.

DENAVAS-WALT, Carmen; PROCTOR, Bernadette; LEE, Cheryl Hill. *Income, Poverty, and Health Insurance Coverage in the United States: 2004.* Washington, DC: US Census Bureau, 2005.

DIEESE - Departamento Intersindical de Estatística e Estudos Socioeconômicos. *O Emprego Doméstico:* uma ocupação tipicamente feminina. Organização Internacional do Trabalho, 2006.

DOMESTIC WORKERS UNITED; DATACENTER. *Home is Where the Work is:* Inside New York's Domestic Work Industry. New York: 2006.

DUDDEN, Faye. *Serving Women:* Household Service in Nineteenth-Century America. Wesleyan University Press, 1985.

EHRENREICH, Barbara. Maid to Order. In: EHRENREICH, Barbara; HOCHSCHILD, Arlie Russell. *Global woman:* nannies, maids, and sex workers in the new economy. New York: Metropolitan Books, 2003.

______. *Nickel and dimed:* on (not) getting by in America. New York: Metropolitan Books, 2001.

______. *The worst years of our lives:* irreverent notes from a decade of greed. New York: Pantheon Books, 1990.

EHRENREICH, Barbara; HOCHSCHILD, Arlie Russell. *Global woman:* nannies, maids, and sex workers in the new economy. New York: Metropolitan Books, 2003.

ENGELS, Friedrich. *Carta de Friedrich Engels a Franz Mehring*, 1893. Disponível em: <http://www.scientific-socialism.de/FundamentosCartasMarxEngels140793.htm>. Acesso em: 4 out. 2007.

ERIKSON, Robert; GOLDTHORPE, John. *The constant flux:* a study of class mobility in industrial societies. Oxford: Clarendon Press, 1992.

ESTANQUE, Elísio. A Classe Média como Realidade e como Ficção. In: Seminário Temático do Departamento de Sociologia da Universidade de São Paulo, 16 de Abril 2007, São Paulo. *Anais...:* São Paulo: USP, 2007.

ESTHER, de Ruijter; TANJA, van der Lippe; WERNER, Raub. Trust Problems in Household Outsourcing: *Rationality and Society*, v. 15, n. 4, p. 473-507, 2003.

FARIAS, Zaira Ary. *Domesticidade:* "Cativeiro" Feminino? Rio de Janeiro: Achiamé e Centro da Mulher Brasileira, 1983.

FILET-ABREU DE SOUZA, Julia. Paid Domestic Service in Brazil. *Latin American Perspectives*, v. 7, n. 1, p. 35-63, 1980.

FRANCO, Maria Sylvia de Carvalho. *Homens livres na ordem escravocrata.* São Paulo: Instituto de Estudos Brasileiros; Universidade de São Paulo, 1969.

FRASER, Steve et al. Hope for Labor. *The New York Review of Books*, v. 43, n. 2, 1 fev. 1996.

FREIRE, Paulo. *Política e educação.* São Paulo: Cortez Editora, 1993.

FREYRE, Gilberto. *Casa-Grande e Senzala - Edição Comemorativa.* Global, 1933.

FRITZ, Ben. *The art of "class warfare":* How one phrase has become a key battleground in economic policy debates, 2003. Disponível em: <http://www.spinsanity.org/columns/20030115.html>. Acesso em: 3 ago. 2006.

GILL, Lesley. *Precarious dependencies:* gender, class, and domestic service in Bolivia. New York: Columbia University Press, 1994.

GLANTZ, Namino. Moving maids: dynamics of domestic service and development. *Política y cultura*, v. 23, p. 83-102, 2005.

GLENN, Evelyn Nakano. *Issei, Nisei, War Bride:* Three Generations of Japanese American Women in Domestic Service. Temple University Press, 1988.

GOLDIN, Claudia; MARGO, Robert. The Great Compression: The Wage Structure in the United States at Mid- Century. *Working Paper Series*, n. 3817, ago. 1991.

GRAMSCI, Antonio. *Cadernos do Cárcere*. Tradução: Carlos Nelson Coutinho. Rio de Janeiro: Civilização Brasileira, 2004.

______. *Escritos Políticos, v. 2*. Tradução: Carlos Nelson Coutinho. Rio de Janeiro: Civilização Brasileira, 2004.

______. *Prison notebooks*. Tradução: Joseph A Buttigieg. New York: Columbia University Press, 1992.

______. Some aspects of the southern question. In:______. *Selections from political writings (1921-1926)*. Londres: Lawrence and Wishart, 1978. Disponível em: <http://blogs.uoregon.edu/j610drstabile/files/2014/03/gramsci-southern--question1926-2jf8c5x.pdf>. Acesso em: 11 jun. 2017.

______. *Selections from the prison notebooks of Antonio Gramsci*. Tradução: Quintin Hoare, Geoffrey Nowell-Smith. London: Lawrence & Wishart, 1971.

GRAMSCI, Antonio; FORGACS, David. *The Gramsci reader :* selected writings, 1916-1935. New York: New York University Press, 2000.

GREGSON, Nicky; LOWE, Michelle. *Servicing the Middle Classes:* Class, Gender and Waged Domestic Labour in Contemporary Britain (International Studies of Women and Place). Routledge, 1994.

GUSMÃO, Xerxes. Novos Direitos do Doméstico. *Panóptica*, v. 1, n. 9, p. 342-349, ago. 2007.

HALDER, Baby. *A Life Less Ordinary:* A Memoir. Regan Books, 2007.

HALL, Stuart. *The hard road to renewal:* Thatcherism and the crisis of the left. London; New York: Verso, 1988.

HAMNETT, Chris. Social Polarisation, Economic Restructuring and Welfare State Regimes. *Urban Studies*, v. 33, n. 8, p. 1407-1430, 1996.

HANSEN, Karen Tranberg. *Distant Companions:* Servants and Employers in Zambia, 1900-1985 (Anthropology of Contemporary Issues). Cornell University Press, 1989.

HARRIS, David; AZZI, Diego. *ALBA* - Venezuela's answer to "free trade": the Bolivarian Alternative for the Americas; Occasional Paper 3. Bangkok; São Paulo: Focus on the Global South; Allianza Social Continental, 2006.

HART, Gillian Patricia. *Disabling globalization:* places of power in post-apartheid South Africa. Berkeley: University of California Press, 2002.

HARVEY, David. *A Brief History of Neoliberalism*. Oxford University Press, 2005.

HEYZER, Noleen; NIJEHOLT, Geertje Lycklama; WEERAKOON, Nedra. *The Trade in Domestic Workers:* Causes, Mechanisms and Consequences of International Migration. Zed Books, 1995.

HONDAGNEU-SOTELO, Pierrette. *Doméstica:* immigrant workers cleaning and caring in the shadows of affluence. Berkeley: University of California Press, 2001.

______. Regulating the Unregulated? Domestic workers' social networks. *Social Problems*, v. 41, n. 1, p. 50-64, fev. 1994.

HUANG, Shirlena; YEOH, Brenda. Ties that bind: State policy and migrant female domestic helpers in Singapore. *Geoforum*, v. 27, n. 4, p. 479-493,1996. Disponível em: <http://www.sciencedirect.com/science/article/pii/S0016718596000231>. Acesso em: 4 abr. 2017.

HUMAN RIGHTS WATCH. *Swept Under the Rug:* Abuses against Domestic Workers Around the World, Washington: Human Rights Watch, 2006.

______. *Hidden in the Home:* Abuse of Domestic Workers with Special Visas in the United States. Washington: Human Rights Watch, 2001.

IBGE - Instituto Brasileiro de Geografia e Estatística. *Censo Demográfico:* Domicílios e Famílias. São Paulo, 1991.

______. *Censo Demográfico:* Domicílios e Famílias. São Paulo: 2003.

______. *Pesquisa Nacional por Amostra de Domicílios (PNAD)*. Rio de Janeiro: IBGE, 2005a.

______. *Pesquisa Nacional Por Amostra de Domicílios:* Síntese de indicadores. Rio de Janeiro: IBGE, 2005b.

______. *Perfil dos Trabalhadores Domésticos nas Seis Regiões Metropolitanas Investigadas pela Pesquisa Mensal de Emprego*, 2006.

INSTITUTE FOR POLICY STUDIES. *What is the Global Justice Movement?* Washington, 2002. Disponível em: <http://www.ips-dc.org/global_econ/movement.pdf>. Acesso em: 10 dez. 2007.

INSTITUTO JOAQUIM NABUCO DE PESQUISA SOCIAIS. *Empregados domésticos do Recife*, 1971.

INTERNAL REVENUE SERVICE. *Au Pairs*, 2007. Disponível em: <http://www.irs.gov/businesses/small/international/article/0,id=96420,00.html>. Acesso em: 12 mar. 2007.

JACKMAN, Mary; JACKMAN, Robert. An Interpretation of the Relation between Objective and Subjective Social Status. *American Sociological Review*, v. 38, n. October, p. 569-582, 1973.

JELIN, Elizabeth. Migration and Labor Force Participation of Latin American Women: The Domestic Servants in the Cities. *Signs: Journal of Women in Culture and Society*, v. 3, n. 1, p. 129-141, 1977. Disponível em: <http://www.journals.uchicago.edu/doi/abs/10.1086/493446?journalCode=signs>. Acesso em: 4 abr. 2017.

JACOBSON, Matthew Frye. *Whiteness of a Different Color:* European Immigrants and the Alchemy of Race. Harvard University Press, 1999.

JOHNSON, Leonard Earl. *To Miss New Orleans*, 2006. Disponível em: <http://www.consumeraffairs.com/news04/2006/08/miss_new_orleans.html>. Acesso em: 4 nov. 2007.

KANIGEL, Robert. *The One Best Way:* Frederick Winslow Taylor and the Enigma of Efficiency (Sloan Technology). The MIT Press, 2005.

KANTOR, Jodi. Nanny Hunt Can Be a 'Slap in the Face' for Blacks. *New York Times*, 26 dez. 2006.

KATZ, Hagai. Gramsci, Hegemony, and Global Civil Society Networks: *Voluntas: International Journal of Voluntary and Nonprofit Organizations*, v. 17, n. 4, p. 332-347, 13 dez. 2006.

KATZMAN, David. *Seven Days a Week:* Women and Domestic Service in Industrializing America. University of Illinois Press, 1981.

KAUFFMAN, Tania. *A Aventura de Ser Dona-de-Casa*. Rio de Janeiro: Artenova, 1975.

KERR, Florence. Training. *Journal of Home Economics*, v. 32, p. 438, 1940.

KEYNES, John Maynard. *The general theory of employment, interest and money*. London: Macmillan and co. limited, 1936.

KINGSTON, Paul. *The Classless Society (Studies in Social Inequality)*. Stanford University Press, 2000.

KNICKERBOCKER, Brad. Illegal Immigrants in the US: How many are there. *Christian Science Monitor*, 16 maio 2006.

KOFES, Suely. *Mulher, mulheres:* Identidade, diferença e desigualdade na relação entre patroas e empregadas domésticas. Editora da Unicamp, 2001.

KOWARICK, Lúcio. Sobre a Vulnerabilidade Socioeconômica e Civil: Estados Unidos, França e Brasil: *Revista Brasileira de Ciências Sociais*, v. 18, n. 51, p. 61-85, 2003.

KRUGMAN, Paul. The Great Wealth Transfer: *Rolling Stone*, 30 nov. 2006.

LACLAU, Ernesto. *Politics and ideology in Marxist theory:* capitalism, fascism, populism. London: NLB, 1977.

LAN, Pei-Chia. *Global Cinderellas:* Migrant Domestics and Newly Rich Employers in Taiwan. Duke University Press, 2006-03.

LAUDERDALE, Graham, Sandra. *House and street* : the domestic world of servants and masters in nineteenth-century Rio de Janeiro. Austin: University of Texas Press, 1992.

LEVENSTEIN, Aaron. *Why People Work*. New York: Crowell, 1962.LOVEJOY, Paul. *Transformations in slavery:* a history of slavery in Africa. Cambridge [Cambridgeshire]; New York: Cambridge University Press, 1983.

LUTZ, Helma. At your service madam! the globalization of domestic service. *Feminist Review*, v. 70, n. 1, p. 89-104, 2002. Disponível em: <https://link.springer.com/article/10.1057/palgrave.fr.9400004>. Acesso em: 4 jun. 2017.

______. Life in the twilight zone: migration, transnationality and gender in the private household. *Journal of Contemporary European Studies*, v. 12, n. 1, p. 47-55, 2004. Disponível em: <http://www.tandfonline.com/doi/full/10.1080/1460846042000207114>. Acesso em: 4 jun. 2016.

MAISONNAVE, Fabiano. A Reinvenção do Brasilianismo. *Estudios Interdisciplinarios de America Latina y el Caribe*, v. 12, n. 1, 2001.

MARIANI, Maria Clara; STROZENBERD, Ilana. *O sentido da ilusão:* um estudo sobre famílias e empregadas domésticas. Rio de Janeiro: Museu Nacional, 1976.

MARX, Karl. *O Capital: Volume 1*. Tradução: J. Teixeira Martins e Vital Moreira. Coimbra: Centelha, Promoção do Livro, SARL, 1974.

MASSEY, Douglas; DENTON, Nancy. *American Apartheid:* Segregation and the Making of the Underclass. Harvard University Press, 1998.

MCBRIDE, Theresa M. *The Domestic Revolution:* The Modernisation of Household Service in England and France, 1820-1920. Holmes & Meier Pub, 1976.

MEAGHER, Gabrielle. Recreating "Domestic Service": Institutional Cultures and the Evolution of Paid Household Work. *Feminist Economics*, v. 3, n. 2, p. 1-27, 1997.

______. Is it Wrong to Pay for Housework? *Hypatia*, v. 17, n. 2, p. 52-66, 2002.

MELO, Hildete Pereira. *Trabalhadoras domésticas:* o eterno lugar feminino–uma análise dos grupos ocupacionais. OIT/IPEA, 2002.

______. *O Serviço Doméstico Remunerado no Brasil:* de criadas a trabalhadoras, 1998.

MICELI, Sergio. *A desilusão americana:* relações acadêmicas entre Brasil e Estados Unidos. São Paulo: Editora Sumaré, 1990.

MILKMAN, Ruth. Women's Work and Economic Crisis: Some Lessons of the Great Depression. *Review of Radical Political Economics*, v. 8, n. 1, p. 71 – 97, 1976. Disponível em: <http://journals.sagepub.com/doi/abs/10.1177/048661347600800107>. Acesso em: 4 abr. 2017.

MILKMAN, Ruth; REESE, Ellen; ROTH, Benita. The Macrosociology of Paid Domestic *Labor. Work and Occupations*, v. 25, n. 4, p. 438-510, 1998.

MISRA, Joya; WOODRING, Jonathan; MERZ, Sabine. The globalization of care work: Neoliberal economic restructuring and migration policy. *Globalizations*, v. 3, n. 3, p. 317-332, 16 fev. 2011. Disponível em: <http://www.tandfonline.com/doi/abs/10.1080/14747730600870035>. Acesso em: 4 abr. 2017.

MOMSEN, Janet. *Gender, Migration and Domestic Service*. Routledge, 1999.

MUÑOZ, Carlos. *Youth, identity, power:* the Chicano movement. London; New York: Verso, 1989.

NARAYAN-PARKEr, Deepa. *Crying out for change:* voices of the poor. Oxford: Oxford University Press; World Bank, 2000.

NASCIMENTo, Carlos Alves. Pluriatividade, Pobreza Rural e Serviço Doméstico Remunerado. *Revista de Economia e Sociologia Rural*, v. 42, n. 2, p. 341-364, 2004.

NEW YORK TIMES. *Class matters*. New York: Times Books, 2005.

NUNG, Hau; CHAN, Annie. The effects of full-time domestic workers on married women's economic activity status in Hong Kong, 1981-2001. *International Sociology*, v. 21, n. 1, p. 133-

159, 2006. Disponível em: <http://commons.ln.edu.hk/sw_master/2421/>. Acesso em: 4 jun. 2017.

O'DOUGHERTY, Maureen. *Consumption intensified:* the politics of middle-class daily life in Brazil. Durham: Duke University Press, 2002.

OFFICE OF MANAGEMENT AND BUDGET. *Revisions to the Standards for the Classification of Federal Data on Race and Ethnicity*, 1997. Disponível em: <http://www.whitehouse.gov/omb/fedreg/1997standards.html>. Acesso em: 15 set. 2007.

OLIVEIRA, Anazir Maria de; CONCEIÇÃO, Odete Maria da; MELO, Hildete Pereira de. Domestic Wokers in Rio de Janeiro: Their struggle to organize. In: CHANEY, Elsa; CASTRO, Mary Garcia; SMITH, Margo. *Muchachas no more:* household workers in Latin America and the Caribbean. Philadelphia: Temple University Press, 1989.

OXFORD. *The New Oxford American Dictionary*. Oxford University Press, 2005.

OZYEGIN, Gul. *Untidy Gender:* Domestic Service in Turkey. Temple University Press, 2000.

PAES DE BARROS, Ricardo; MENDONÇA, Rosane. A Absorção de Mão-de-Obra no Setor de Serviços. *Dados*, v. 40, n. 1, 1997.

PALMER, Phyllis M. *Domesticity and dirt:* housewives and domestic servants in the United States, 1920-1945. Philadelphia: Temple University Press, 1989.

PARREÑAS, Rhacel Salazar. *Servants of Globalization:* women, migration and domestic work. Stanford: Stanford University Press, 2001.

PASSEL, Jeffrey S. *The Size and Characteristics of the Unauthorized Migrant Population in the U.S.* Washington: Pew Hispanic Center, 2006.

POCHMANN, Marcio. Sobre a nova condição de agregado social no Brasil: Algumas considerações. *Revista Paranaense de Desenvolvimento*, v. 105, p. 5-23, 2003.

POWELL, Michael. U.S. Immigration Debate Is a Road Well Traveled: Early-20th-Century Concerns Resurface: *Washington Post*, p. A1, 8 maio 2006.

PRADO, Anayansi (Director); Leadingham, Kevin (Producer). *Maid in America*. 57 minutos. Los Angeles: Impacto Films, 2004.

QAYUM, Seemin; RAY, Raka. Grappling with modernity: India's respectable classes and the culture of domestic servitude. *Ethnography*, v. 4, n. 4, p. 520-555, 2003.

REES-MOGG, William. Comment: *The Times*, 4 abr. 2005.

ROLLINS, Judith. *Between Women:* Domestics and Their Employers. Temple University Press, 1986.

ROMERO, Mary. *Maid in the U.S.A.* New York: Routledge, 1992.

ROZHON, Tracie. Live-In Help Is Living In Style. *New York Times*, 5 mar. 1995.

RUBBO, Anna; TAUSSIG, Michael. Up Off Their Knees: Servanthood in Southwest Colombia. *Latin American Perspectives*, v. 10, n. 4, p. 5-23, 1983.

SAFFIOTI, Heleieth Iara Bongiovani. *Emprego Doméstico e Capitalismo*. Petrópolis: Vozes, 1978.

SALEK, Silvia. 'Lei em 80% dos países discrimina domésticas'. *BBC Brasil.com*, 07 ago. 2006a.

______. Comunidades no Orkut revelam preconceito. *BBC Brasil.com*, 07 ago. 2006b.

SANJEK, Roger; COLEN, Shellee. *At work in homes:* household workers in world perspective. Washington: American Anthropological Association, 1990.

SANTOS, Gabriela Renata; MESQUITA, Patrícia Lagun; DEIAB, Rafaela de Andrade. *Entre a Casa e a Rua:* a Relação entre Patrões e Empregadas Domésticas, 2003. Disponível em: <http://www.n-a-u.org/ENTREACASA1.html>. Acesso em: 5 nov. 2007.

SCHMITT, Rebecca Ray and John. *No-Vacation Nation.* Washington, D.C.: Center for Economic and Policy Research (CEPR), 2007. SCOTT, James. *The Moral Economy of the Peasant:* Rebellion and subsistence in Southeast Asia. New Haven: Yale University Press, 1976.

SCOTT, Janny; LEONHARDT, David. Class in America: Shadowy Lines That Still Divide. *New York Times*, p. A1, 15 mai. 2005.

SEADE – Fundação Sistema Estadual de Análise de Dados. *Mulher e Trabalho: O Emprego Doméstico*, 2007.SKIDMORE, Thomas. Brazil's Persistent Income Inequality: Lessons from History. *Latin American Politics and Society*, v. 46, n. 2, p. 133-150, 2004.

STAMPP, Kenneth M. *The Era of Reconstruction, 1865-1877.* Vintage, 12 out. 1967.

STIGLER, George J. *Domestic Servants in the United States, 1900-1940.* National Bureau of Economic Research, 1946.

SUTHERLAND, Daniel E. *Americans and their servants:* domestic service in the United States from 1800 to 1920. Baton Rouge: Louisiana State University Press, 1981.

TAYLOR, Edward. The New Economics of Labour Migration and the Role of Remittances in the Migration Process. *International Migration*, v. 37, n. 1, p. 63-88, 1999.

TECNISA. Disponível em: <https://www.tecnisa.com.br/sp/sao-paulo/>. Acesso em: 5 nov. 2007.

THOMPSON, Edward. The Moral Economy of the English Crowd in the 18th Century. *Past & Present*, v. 50, p. 76-136, 1971.

TIME MAGAZINE. We are all Keynesians Now, 31 dez. 1965.

TUOMINEN, Mary. *We Are Not Babysitters:* Family Child Care Providers Redefine Work and Care. Rutgers, 2003.

U.S. CENSUS BUREAU. Current Population Survey, mar. 2000.

U.S. DEPARTMENT OF LABOR. *History of Federal Minimum Wage Rates Under the Fair Labor Standards Act, 1938 - 2007*, 2007. Disponível em: <http://www.dol.gov/esa/minwage/chart.htm>. Acesso em: 3 abr. 2007.

U.S. DEPARTMENT OF STATE. *Au Pair and EduCare*, 2007. Disponível em: <http://exchanges.state.gov/education/jexchanges/private/aupair.htm>. Acesso em: 10 out. 2007.

VIDAL, Dominique. *Les Bonnes de Rio:* Emploi domestique et société démocratique au Brésil. Villeneuve d'Ascq: Presses Universitaires du Septentrion, 2007.

WALDMAN, Amy. Sri Lankan Maids' High Price for Foreign Jobs. *New York Times*, p. 1, 8 maio 2005.

WASSERMANN, Rogerio. Morte de babá de 11 anos alerta para riscos do trabalho infantil. *BBC Brasil.com*, 07 ago. 2006a.

______. País tem 170 mil menores de 16 no trabalho doméstico. *BBC Brasil.com*, 09 ago. 2006b.

WEBER, Max. *A Ética Protestante e o "Espírito" de Capitalismo.* Tradução: José Marcos Mariani de Macedo. São Paulo: Editors Schwarcz, 2004.

______. *Economy and society:* an outline of interpretive sociology. Berkeley: University of California Press, 1978.

WOODBURNE, A. S. Gandhi, Christ, and Ourselves, *The Journal of Religion*, v. 12, n. 3, p. 358-359, jul. 1932.

WRIGHT, Erik Olin. *Classes*. London: Verso, 1985.

WRIGLEY, Julia. *Other People's Children:* An Intimate Account of the Dilemmas Facing Middle-Class Parents and the Women They Hire to Raise Their Children. New York: Basic Books, 1995.

Z MAGAZINE. *Editorial:* The Personal Is Political?!, 1 jul. 1997. Disponível em: <http://zcommunications.org/zmag/viewArticle/13142>. Acesso em: 12 dez. 2007.

ZHOU, Raymond. Moral worries mad about maid advert. *China Daily*, 11 nov. 2006.

ANEXOS

Anexo 1: Algumas das diversas formas de declaração dos trabalhadores domésticos captados pela pesquisa mensal de emprego do IBGE (2006)

Acompanhante de cachorro	Faz bico de faxineira
Acompanhante de criança à escola	Faz tudo
Acompanhante de deficiente físico	Governanta
Acompanhante de deficiente mental	Home care - cuida de paciente em casa
Acompanhante de enfermo	Jardineiro
Acompanhante de idoso	Jardineiro e zelador
Ajudante de caseiro	Lavadeira de roupa
Ajudante de cozinha	Lavador de carro
Ajudante de jardineiro	Leitor de ajuda a cegos
Ajudante de lavadeira	Leva criança à escola
Alimentador de animais	Limpador de chiqueiro
Ama seca	Limpador de janelas
Arrumadeira	Limpador de piscina
Auxiliar de babá	Limpador de vidros
Auxiliar de caseiro	Limpeza de quintal
Auxiliar de chacreiro	Mensageiro
Auxiliar de limpeza	Mordomo
Babá	Motorista de casa de família (chofer)

Baeiro (cuida de cavalos)	Motorista de lancha particular
Busca leite	Motorista de madame
Cadeiro	Motorista do serviço doméstico
Camareira	Motorista doméstico
Capataz	Motorista particular
Capinador de quintal	Office boy
Caseiro	Olha criança
Chofer	Pajem
Coletor de lixo	Passadeira de roupas
Condutor de lancha	Piloto de lancha
Congelamento de alimentos	Podador de árvores
Congeleira	Polidora de inox
Conservador de limpeza	Secretária particular
Corta galhos de árvores	Segurança particular
Cozinheira	Servente de conservação
Cuidador de animais	Serviços gerais
Dá banho em cachorro	Timoneiro
Dama de companhia	Toma conta de um senhor de idade
Desliga a bomba	Toma conta de uma casa de veraneio
Diarista	Toma conta de uma velha
Diarista em congelamento	Tomava conta da sobrinha
Empregada doméstica	Trabalha passando roupas na casa dos outros
Empregada doméstica folguista	Tratador de cavalos
Empregada doméstica governanta	Tratador de Piscina
Empregada doméstica manutenção de apartamento	Tratadora de animal
Empregado em casa de senhor	Tratadora de cães
Enfermeira	Treina empregadas
Engomadeira de roupas	Vigia
Faxineira	Zelador
Faz bico cuidando de crianças	

AGRADECIMENTOS

Gostaria de agradecer primeiro a meus professores e colegas, que me receberam tão generosamente no ilustre Departamento de Sociologia da Faculdade de Filosofia, Letras e Ciências Humanas da USP. Foi um privilégio e um prazer aprender nas salas de aula do meu entusiástico orientador e apoiador Sedi Hirano, e dos professores Brasílio João Sallum, Antonio Flávio Pierucci, Sérgio Adorno de Abreu, Vera da Silva Telles, e Alvaro Augusto Comin. Vários colegas e amigos também me ajudaram muito no processo prolongado de aculturação a um novo ambiente – estimulante, fascinante e desafiador. Devo agradecimentos profundos a Maíra Saruê, Dmitri Cerboncini Fernandes, Diego Araújo Azzi, Yumi Garcia dos Santos, Renata Andrade-Downs, Ligia Romão, Barbara Silva, Maurício Rombaldi, Isabel Georges, Jessica Sklair Corrêa, Marcus Barreto e especialmente a Isabel Gnaccarini que leram, revisaram e discutiram comigo as várias versões deste texto e também de outros que escrevi durante o meu tempo na USP.

No processo de pesquisa, também fui beneficiado pela ajuda de uma série de outras pessoas a quem também fico imensamente grato. Meu obrigado à Célia Yoshie Hara e à Bianca Vitale Diaz, que me receberam generosamente no Projeto Arrastão e me ajudaram, em muito, a entender as diferentes realidades do mundo da empregada doméstica em São Paulo. Também ao Alexandre Abdal Cunha do CEBRAP, que me ajudou muito no processo de busca e análise dos dados quantitativos sobre o emprego doméstico. Os comentários penetrantes de Cibele Rizek e Pierette Hondangeu-Sotelo, e a orientação de Teresa Caldeira também me ajudaram imensamente em minhas sucessivas tentativas de abordar meu objeto de forma crítica e sistemática.

Nas animadas salas de aula da FFLCH, aprendi muito com os meus camaradas Sara da Silva Freitas, André Chui de Menezes, Ana Carolina Chasin, Maria Mota Monteiro, Marcelo Caetano, Maurício Stycer, Renée Avigdor, Ana Barone, Gustavo Moura, Tatiana Fonseca, Aaron Litvin, Leonardo Nascimento, Leonardo Ostronoff e Michelle Medrado. Dos bares e baladas de São Paulo até as praias do Ceará, esses amigos foram muito além da cordialidade acadêmica, convidando-me inúmeras vezes para conhecer melhor a cultura, os ritmos e as práticas cotidianas contagiantes dos brasileiros.

Junto com eles, meus outros queridos amigos de fora da USP também contribuíram de forma inestimável para o meu próprio desenvolvimento intelectual e meu entendimento do Brasil. Agradeço especialmente a Helio Ishii, Roberto Corrêa, Ricardo Ramos Junior, Renato Nigro, Márcio Reis, Ana Paula Hirano, Israel Ring e Gustavo Gomes. Também devo muito aos meus amigos e parceiros com os quais colaborei na realização de meus vários projetos de vídeo em São Paulo, eles que possibilitaram as minhas explorações desse novo meio de comunicação em paralelo ao meu projeto de mestrado. Assim agradeço a Ana Nassar, Marcelo Vitali, Karine Batista, Eduardo Barros, Jarbas Viana, Bruno Mitih, Maria Laura Cesar, Newber Machado, Rafaela Costa, Anita Goes, Chris Bernardes, Alder Augusto, Kiko Goifman e as generosas equipes do Global Lives e do Museu da Pessoa. O José Santos e a Karen Worcman merecem um agradecimento especial por terem – entre tantos outros atos de generosidade e fé – me fornecido um lindo quartinho, com uma vista bonita, onde finalmente consegui fugir da correria de São Paulo e ficar (quase) sozinho com os meus pensamentos.

Os meus amigos expatriados nessa terra estrangeira me forneceram uma fonte constante de material bruto para fazer comparações interculturais e também para testar as minhas hipóteses sobre a minha própria cultura, no momento tão distante. Agradeço assim a John Laudenberger, Dan Sansome, Gabriela Herman, Ben Koren, Wilson Brown, Joseph Ryan, Jonah Wittkamper, Lee Weingast, David Fenner e Andrea Des Marais por terem sido a minha *home away from home*. Embora longe de mim e incapazes de ler os meus rascunhos em português, vários amigos de fora do Brasil contribuíram muito com meu pensamento sobre os temas desta dissertação, especialmente Ken Worthy, Jason Burwen, Jeff Woods, Doug Bushey, Dorian Fougères e Emma Schwartz. Agradeço também a meus professores de Berkeley, tão importantes na formação de meus interesses nesta área: Nancy Peluso, Ananya Roy, Gillian Hart, Claudia Carr, Wendy Wolford e Calolyn Trist. Carregarei durante o resto da minha vida uma dívida com Gisele Henriques, Christian Poirier e Sapana Doshi por terem implantado em mim, em 2002, o desejo de conhecer esse misterioso país que viraria o meu mundo.

Sobretudo, agradeço meus informantes e entrevistados anônimos, no Brasil e nos Estados Unidos, que me receberam em suas casas e compartilharam comigo os detalhes íntimos de suas vidas. Essas pessoas generosas, que por necessidade continuarão aqui sem nome, merecem os maiores agradecimentos por terem formado a base empírica sobre a qual construí tudo o que se encontra nestas páginas.

Obrigado!

Alameda nas redes sociais:
Site: www.alamedaeditorial.com.br
Facebook.com/alamedaeditorial/
Twitter.com/editoraalameda
Instagram.com/editora_alameda/

Esta obra foi impressa em São Paulo no verão de 2022. No texto foi utilizada a fonte Minion Pro em corpo 10,25 e entrelinha de 15,25 pontos.